TRAITÉ

GÉNÉRAL ET SOMMAIRE

DE LA

COMPTABILITÉ COMMERCIALE.

PARIS, IMPRIMERIE DE DECOURCHANT,
rue d'Erfurth, n. 1, près l'Abbaye.

TRAITÉ

GÉNÉRAL ET SOMMAIRE

DE LA

COMPTABILITÉ COMMERCIALE,

AVEC APPLICATION

AUX DIVERSES ESPÈCES D'ASSOCIATIONS,
A LA BANQUE, AUX MANUFACTURES, A L'AGRICULTURE,
AUX ADMINISTRATIONS PUBLIQUES,
ET A L'ADMINISTRATION DES FORTUNES PRIVÉES;

PAR M. GODARD,

Manufacturier, ancien Administrateur.

A LA LIBRAIRIE DU COMMERCE,

CHEZ RENARD, LIBRAIRE, RUE SAINTE-ANNE, N° 71.

1827.

AVERTISSEMENT.

Ordre et économie : *telle doit être la devise de toute administration*, avons-nous dit dans un mémoire par nous publié, il y a quelques années, sur la comptabilité générale des finances du royaume.

Ordre et économie : *telle* aussi *doit être la devise de tout établissement commercial, agricole ou manufacturier.* Sans ordre, point d'économie possible; avec de l'ordre, au contraire, toute économie bien entendue est praticable.

Pénétrés de cette vérité, nous avons constamment porté toute notre attention sur la partie de la comptabilité, dans les diverses administrations à la direction desquelles nous avons concouru, et nous n'y attachons pas un moindre intérêt dans la grande manufacture que nous administrons maintenant (*a*).

Quelque méritée que soit la confiance dont jouissent aujourd'hui les méthodes usitées pour les écritures commerciales, nous n'avons pu nous résigner à les suivre ou à les laisser pratiquer aveuglément sous nos yeux; nous avons voulu non-seulement nous rendre compte du mérite des instrumens que nous adoptions, mais encore en bien faire comprendre la valeur et le mécanisme à ceux de nos coopérateurs chargés d'en faire usage.

Mais, en nous livrant à ce travail, nous sommes parvenus à une généralité, à une simplicité de principes, qui nous ont frappés; et comme

(*a*) La manufacture des verreries et cristalleries de Baccarat.

nous en avons retiré, dans le but que nous nous proposions, des avantages incontestables, nous avons pensé que peut-être ne ferions-nous pas une chose inutile au commerce et à l'industrie, en donnant de la publicité à notre démonstration.

Ce n'est donc pas une nouvelle méthode de comptabilité que nous avons la prétention d'exposer, mais seulement une nouvelle démonstration de la méthode généralement admise, ou plutôt la démonstration qu'il n'y a qu'un bon système de comptabilité; que toute distinction entre ce que l'on appelle les *parties simples*, les *parties mixtes*, et les *parties doubles*, est chimérique; qu'il n'y a que des méthodes incomplètes et une méthode complète, et que cette méthode complète porte le nom de Méthode des *parties doubles*, parce que l'observation a fait reconnaître qu'on ne pouvait avoir une comptabilité complète, sans que la somme présentant le résultat en argent de chaque opération, *fût inscrite à deux comptes distincts*.

Nous nous sommes gardés, au surplus, d'aborder directement une pareille discussion; elle eût été parfaitement oiseuse.

Dans notre investigation, nous avons suivi la voie purement analytique. Nous avons donc supposé qu'un négociant doué d'un esprit d'ordre, voulant être en mesure de se rendre un compte exact de la situation de ses affaires, toutes les fois qu'il en éprouverait le besoin ou le désir; nous avons supposé, disons-nous, qu'un tel négociant traversait les diverses époques par lesquelles a passé le commerce depuis son enfance jusqu'à ce qu'il se soit créé les moyens d'exécution dont il est maintenant en possession, et nous avons observé sa marche dans les positions successives où il s'est trouvé.

Nous nous sommes convaincus qu'il était invinciblement porté à faire des écritures de la nature de celles portant le nom de *parties doubles*, et qu'il n'était satisfait, qu'il n'avait réellement atteint son but, que lorsque ce système était complètement organisé. Nous en avons conclu que tout autre système était insuffisant et imparfait, sans d'ailleurs en présenter les preuves directes, qui n'eussent fait que grossir notre volume sans aucun motif d'utilité.

Nous avons également reconnu que le mécanisme des comptes, et leurs rapports respectifs, étaient, par le fait, plus simples que ne le supposent ordinairement les auteurs qui ont écrit sur la comptabilité commerciale. Dans la comptabilité la plus vaste et la plus compliquée, comme dans la plus restreinte, nous n'avons pu découvrir que trois comptes fondamentaux, dont tous les autres sont des émanations ou des auxiliaires; c'est sur ces trois comptes seulement que repose toute la théorie, et quoique nous nous abstenions ici de tout détail pour ne pas nous répéter, on peut déjà prévoir ce que la démonstration doit y gagner en simplicité et en clarté.

Après être parvenus au terme avec notre négociant, que nous avons supposé exclusivement livré au commerce proprement dit, c'est-à-dire à la profession d'acheter et de revendre des marchandises sans les faire changer d'état, nous avons parcouru tous les autres genres d'établissemens commerciaux, industriels et administratifs; nous avons surtout donné une attention particulière aux manufactures et à l'agriculture, et partout nous avons éprouvé la plus grande facilité pour appliquer les règles de notre comptabilité commerciale.

Peut-être sommes-nous fondés à faire remarquer que nous ne devons pas nous être perdus dans de vaines combinaisons; car, indépendamment de ce que nous nous sommes beaucoup occupés de comptabilité dans une longue carrière administrative, nous ne proposons rien, en ce qui se rapporte au commerce et aux manufactures, dont nous n'ayons fait l'application dans notre établissement, qui n'est certainement pas au nombre de ceux dont les travaux sont les plus simples.

C'est particulièrement aux chefs des établissemens commerciaux et industriels que s'adresse notre travail; nous nous estimerons heureux si quelques-uns d'entre eux jugent que nous n'avons pas eu tort d'en hasarder la publication.

TRAITÉ

GÉNÉRAL ET SOMMAIRE

DE LA

COMPTABILITÉ COMMERCIALE.

PREMIÈRE PARTIE.

NOTIONS PRÉLIMINAIRES.

Commerce primitif par voie d'échange.

1. Dans l'origine des sociétés, les hommes ne pouvaient se procurer les objets dont ils avaient besoin, et qu'ils n'avaient pas la faculté, le temps ou la volonté de produire eux-mêmes, qu'en offrant d'autres objets en échange ; c'est-à-dire, en d'autres termes, que primitivement le commerce ne pouvait se faire que par voie d'échange.

Manière d'exprimer la mesure de la valeur des marchandises, dans l'hypothèse du commerce par voie d'échange.

2. On conçoit qu'en procédant ainsi, il fut possible de déterminer la valeur des objets à échanger, c'est-à-dire des marchandises, par la quantité de travail que chacune d'elles était censée représenter.

Si, par exemple, on pouvait échanger un bœuf contre deux mesures de blé, et que ces deux mesures de blé eussent exigé, pour les obtenir, 40 journées de travail, ou du moins qu'elles fussent susceptibles d'être admises en paiement d'un pareil nombre de journées, on pouvait exprimer la valeur du bœuf en énonçant qu'elle était égale à celle de 40 journées de travail.

On voit clairement que ce mode d'appréciation était applicable à toute espèce de marchandises.

cultés du mmerce voie d'é-hange.

3. Mais quand la population s'est accrue, quand l'organisation sociale s'est perfectionnée, les besoins se sont multipliés, les affaires commerciales ont pris de l'extension, les échanges sont devenus difficiles et souvent même impossibles.

Ils étaient trop fréquens, ils portaient sur des masses trop considérables, et d'ailleurs il aurait fallu que le détenteur d'une marchandise, qui la voulait échanger contre une autre, trouvât toujours à sa portée un autre propriétaire qui eût cette dernière marchandise en quantité suffisante, et qui se proposât précisément de l'échanger contre celle dont le premier propriétaire voulait se défaire.

Ce concours de circonstances ne pouvait se réaliser toutes les fois qu'on l'aurait désiré.

essité de ir des signes repré-atifs des archan-s pour fa-er les é-hanges.

4. Dans cet état, on éprouva le besoin de créer des signes représentatifs de toutes les marchandises, qui exprimassent la mesure exacte de la valeur de ces marchandises, en même temps qu'ils procureraient un moyen d'échange à la satisfaction de tous les détenteurs.

Ces signes devaient donc être tels, que celui qui livrait une partie de marchandises contre une quantité quelconque de ces signes, eût la certitude morale de pouvoir, à son tour, échanger ces mêmes signes contre toute autre marchandise dont il avait besoin, et en quantité et valeur équivalentes à celles de la marchandise dont il s'était défait.

nditions devaient ir les si-es repré-atifs des archan-dises.

5. Pour trouver dans les signes représentatifs cette double condition, on dut choisir des objets ou marchandises d'un transport facile, qui fussent le moins possible altérables, qui, sous un petit volume, représentassent une grande quantité de travail, et par conséquent une grande valeur.

oix des aux durs ir signes résenta-tifs.

6. Ce sont les métaux qui réunissent essentiellement ces avantages; aussi furent-ils adoptés par tous les peuples civilisés, d'un consentement tacite et unanime, comme signes représentatifs des marchandises, et destinés à opérer les échanges.

Comme nous venons de le dire, ces signes devaient être difficilement altérables, pour ne pas perdre de leur valeur en passant successivement de mains en mains; et par conséquent c'étaient les métaux *durs* qui devaient particulièrement être employés, c'est-à-dire le *fer*, le *cuivre*, l'*argent* et l'*or*.

eur com-ative des étaux et marchan-dises.

7. Ces signes représentatifs, pour être admis sans difficulté, devaient avoir une valeur équivalente à celle des marchandises contre lesquelles ils devaient être échangés, et représenter, par exemple, un égal nombre de journées de tra-

vail. Une quantité déterminée de ces métaux (soit ce que nous appelons une livre) devait donc être égale en valeur à une quantité plus ou moins grande de blé, de laine, ou de toute autre marchandise, suivant qu'il fallait plus ou moins de travail, et qu'on avait plus ou moins de charges à supporter pour parvenir à la possession de cette livre de métal dans l'état où elle était.

Valeur respective des métaux.

8. Par suite, la valeur respective de ces mêmes métaux était déterminée par le plus ou moins de peine qu'on avait à les obtenir; ainsi, s'il fallait quatre fois autant de travail, y compris les charges accessoires qui peuvent aussi être représentées par des journées de travail; s'il fallait, disons-nous, quatre fois autant de travail pour produire une livre de cuivre que pour produire une livre de fer, le cuivre avait une valeur quadruple de celle du fer; s'il fallait soixante fois autant de travail pour produire une livre d'argent que pour produire une livre de cuivre, l'argent valait soixante fois autant que le cuivre, et deux cent quarante fois autant que le fer; enfin, s'il fallait seize fois autant de travail pour produire une livre d'or que pour produire une livre d'argent, l'or valait seize fois autant que l'argent, neuf cent soixante fois autant que le cuivre, et trois mille huit cent quarante fois autant que le fer : et en échangeant ces métaux contre d'autres marchandises, on avait, pour une livre de chacun d'eux, des quantités de marchandises proportionnées à leur valeur respective.

Création de la monnaie proprement dite.

9. On est ensuite convenu d'une unité fondamentale qui se subdivise en diverses fractions, laquelle unité est égale à une quantité fixe de l'un de ces métaux, d'argent par exemple; et la valeur d'une quantité quelconque de marchandises qu'il s'agit d'acheter ou de vendre, est déterminée par un certain nombre d'unités de l'espèce convenue, ou seulement par des fractions de cette unité, si la valeur de la quantité de marchandises est inférieure à une unité fondamentale.

Les morceaux de métal représentant ces unités ou ces fractions d'unité, s'appellent *monnaie;* et pour éviter la fraude, les monnaies sont toujours frappées par les soins du gouvernement, qui leur donne une empreinte facile à reconnaître, laquelle garantit l'espèce et la quantité de métal pur, et par conséquent sa valeur.

Avantages de la monnaie.

10. Ce signe adopté, il n'est plus nécessaire d'avoir à sa disposition une marchandise, pour la donner en échange d'une autre dont on a besoin; il suffit d'avoir des monnaies, ou ce qu'on appelle communément *des fonds, des espèces,* ou *de l'argent.*

Si j'ai des marchandises à vendre, je les livre contre une quantité quelconque d'argent.

Si au contraire j'ai de l'argent, et que je veuille avoir des marchandises, je donne mon argent contre une quantité quelconque des marchandises que je désire.

Enfin, si je veux faire un achat lointain, je me procure d'abord de l'argent, en vendant sur place, ou à la plus grande proximité possible, les marchandises dont je suis détenteur, et je porte ou j'envoie, sur le point où je dois acheter, mon argent, qui est d'un transport plus facile et plus économique que celui des marchandises que j'avais en ma possession.

Résumé des fonctions de l'argent.

11. L'argent est donc un agent intermédiaire représentant au besoin, et sur tous les points où il a une valeur, c'est-à-dire chez tous les peuples civilisés, toutes les marchandises imaginables; il procure ce moyen d'échange dont on avait éprouvé le besoin; enfin il nous donne une nouvelle mesure de la valeur des marchandises, aussi exacte et beaucoup plus commode que celle en journées de travail, qui eût été seule admissible sans l'intervention des métaux monnoyés.

Ce que l'on doit entendre par l'expression générique de marchand.

12. Toute personne faisant profession de se procurer d'une manière quelconque des marchandises, pour les livrer à des tiers contre de l'argent ou d'autres marchandises, est réellement un *marchand*.

Nous comprenons donc sous cette dénomination générique, 1° le producteur qui s'occupe d'obtenir, soit par voie de simple extraction, comme le mineur et le carrier, soit par voie de culture, comme l'agriculteur, des produits naturels, pour les vendre à des tiers; 2° le manufacturier, qui se procure des produits naturels ou provenant d'une première industrie, pour les convertir, par divers procédés, en de nouveaux produits qu'il livre également à des tiers; 3° le *marchand* ou *commerçant* proprement dit, qui achète pour revendre, et qui est l'intermédiaire naturel entre le producteur et le manufacturier ou le consommateur; 4° l'entrepreneur de transports, qui n'est non plus qu'un intermédiaire entre divers marchands, et qui est lui-même *marchand* de transports; 5° le banquier, qui est un autre intermédiaire entre les marchands, et qui est aussi *marchand* d'argent.

Des consommateurs.

13. Les sociétés, considérées sous le rapport du commerce, ne se composant que de marchands et de consommateurs, il est convenable, en cette matière, de jeter un coup d'œil sur ces derniers.

Le plus grand consommateur d'un pays est le gouvernement; aussi son administration, autrement dire l'administration publique, est-elle habituellement si compliquée, qu'il faut la diviser entre plusieurs administrateurs secondaires de divers degrés, dont les uns sont occupés de la perception des valeurs, et les autres, de la direction des dépenses ou des consommations.

Quant au simple consommateur, s'il est chef d'une grande famille, s'il a de grands revenus à percevoir, et par conséquent des achats et des consommations multipliées à faire ou à diriger, il doit être, en raison de l'importance de ses affaires, considéré comme un administrateur.

14. Les marchands de toutes les classes, les administrateurs de tous les degrés, y compris les simples consommateurs dans le cas prévu ci-dessus (13), ont dû chercher les moyens de se rendre compte à eux-mêmes, ou de rendre compte à leurs commettans, s'il y avait lieu, de leur situation sous le double rapport de leurs recettes et de leurs dépenses en argent, de leurs achats et de leurs consommations en marchandises.

Du besoin de rendre compte à soi-même ou aux autres.

15. Nous allons examiner dans la deuxième partie de cet ouvrage ce qui s'est passé à cet égard chez les commerçans proprement dits, et nous ferons ensuite aux autres classes de marchands et d'administrateurs l'application des principes et des règles que nous aurons reconnus.

Objet de la 2e partie.

Nota. S'il s'agissait de rédiger un cours d'économie politique ou un traité du commerce, sans doute les propositions énoncées dans ces Notions préliminaires auraient exigé de plus amples développemens ; il y aurait eu de plus un grand nombre de cas particuliers à mentionner, d'exceptions à établir; mais, dans leur généralité, ces propositions n'en sont pas moins vraies, et cela suffit dans le but que nous nous proposons en publiant ce Traité.

DEUXIÈME PARTIE.

DE LA COMPTABILITÉ

SOUS LE RÉGIME DU COMMERCE AU COMPTANT.

PREMIÈRE SECTION.

CRÉATION ET FORME DES COMPTES.

…s de comptabilité pro-rement dite l'époque du commerce …r voie d'échange.

16. Lorsque le commerce ne se faisait que par voie d'échange, c'est-à-dire dans l'enfance du commerce et des sociétés, les opérations que faisait un seul individu étaient peu nombreuses et surtout peu variées, et l'on peut tenir pour certain qu'il n'y avait rien alors qui fût digne, dans notre langage actuel, de porter le nom de comptabilité. Nous ne nous arrêterons donc pas à cette époque.

Le besoin …une comptabilité s'est …it sentir à …époque du …mmerce au …omptant.

17. La deuxième époque est celle où le commerce se faisait par échange immédiat de marchandises contre argent, ou d'argent contre marchandises, sans exclure d'ailleurs les échanges de marchandises contre marchandises, lorsqu'ils entraient dans les convenances des deux parties intéressées : c'est ce qui s'est appelé et s'appelle encore le commerce *au comptant.*

Dans les opérations d'achat ou de vente au comptant, c'est évidemment l'argent qui est la mesure de la valeur des marchandises (9); c'est encore l'argent qui sert de mesure dans les échanges de marchandises contre marchandises, parce que l'échange ne s'opère qu'après avoir comparé les deux parties de marchandises avec la mesure commune, afin de s'assurer si la valeur est égale des deux côtés, ou s'il n'y a pas un excédant à payer en argent par l'un ou l'autre des contractans.

Dans le cours de cette deuxième époque, les commerçans, ayant multiplié leurs opérations, ont, comme nous l'avons dit plus haut (14), éprouvé le besoin de se rendre compte à eux-mêmes; ils ne se rappelaient pas toujours à quelles époques, à quels prix et en quelles quantités, ils avaient acheté ou vendu leurs marchandises, et de quelles dépenses accessoires elles étaient chargées pour frais de transports ou autres de toute nature; ils manquaient donc de moyens pour s'assurer qu'ils avaient dans leur caisse ou dans leur magasin tout l'argent et toutes les marchandises qui devaient s'y trouver, qu'il n'avait été commis à leur détriment, ni vol, ni abus de confiance; ils pouvaient aussi manquer de données pour fixer avec justesse leur prix de vente.

Commencement de la comptabilité. Institution d'un *mémorial.*

18. Le premier pas qu'ont fait les commerçans *au comptant* dans la comptabilité a donc eu pour objet de venir au secours de leur mémoire, et ils ont composé ce que l'on peut appeler un *mémorial,* sur lequel ils inscrivaient, dans l'ordre où ils les faisaient, toutes les opérations donnant lieu à des *entrées* ou à des *sorties de caisse,* c'est-à-dire, à des *recettes* ou à des *dépenses.*

C'est encore à quoi s'en tiennent aujourd'hui la grande partie des marchands en détail, et presque tous ceux exerçant la profession mixte de marchand en détail et de manufacturier, et que l'on nomme *artisans.*

Insuffisance reconnue du mémorial.

19. Mais cette méthode a bientôt été reconnue insuffisante par les commerçans qui opéraient en grand, et chez lesquels il y avait de nombreux mouvemens de fonds et de marchandises.

S'ils voulaient vérifier ce qu'il leur restait d'argent en caisse, il fallait d'abord qu'ils comptassent tout ce qui s'y trouvait; et s'ils voulaient se convaincre qu'il ne devait pas y en avoir davantage, il fallait, sur leur *mémorial,* faire le relevé de toutes les entrées et de toutes les sorties de fonds depuis la dernière époque où ils s'étaient rendu compte de la situation de leur caisse.

Mais ces vérifications étaient lentes, exigeaient de longs dépouillemens, et un commerçant intelligent comprit bientôt que, sans accroître sensiblement son travail journalier, il pouvait se préparer les moyens de reconnaître *à chaque instant,* et sans aucune peine, la situation de sa caisse.

Conversion du mémorial en un livre ou compte de caisse proprement dit.

20. En effet, il se présenta nécessairement à l'esprit du commerçant ami de l'ordre, dont nous suivons la marche, un moyen fort simple; il consista, en continuant d'inscrire journellement ses opérations dans l'ordre où il les faisait, à ouvrir sur son mémorial ou registre en deniers, deux colonnes distinctes, l'une pour recevoir toutes les sommes entrant en caisse, et l'autre, toutes les sommes en sortant à quelque titre que ce fût.

Ces deux colonnes pouvaient être ouvertes, ou sur chaque page du registre successivement, ou sur les deux pages en regard, de manière que l'une des colonnes fût exclusivement consacrée aux recettes, et l'autre aux dépenses; et dans les deux cas il y avait lieu d'additionner les colonnes, quand la page ou l'une des deux pages était remplie, pour en reporter les totaux en tête de chaque nouvelle page ou colonne correspondant aux recettes et aux dépenses.

Par ce moyen, quand le commerçant en question voulait savoir ce qu'il avait de fonds disponibles, il lui suffisait de faire les additions de deux colonnes, d'une page chacune au plus, et de déduire le total des dépenses, qui était nécessairement le plus faible, du total des recettes, pour faire ressortir ce qui lui restait en caisse; et s'il voulait de plus s'assurer qu'il n'y avait pas erreur sur son registre, il pouvait vérifier sa caisse, et comparer son restant effectif avec le résultat de ses écritures.

Établisse-ent d'un li-e ou comp-e spécial, our le capi-al primitif négociant.

21. Cette première amélioration en provoqua bientôt d'autres : le commerçant *au comptant* sur la tête duquel nous réunissons, par voie de fiction, toutes les hypothèses qui ne se sont réalisées qu'à l'égard de plusieurs successivement, possédait, avant de commencer son commerce, ou d'établir un nouvel ordre de choses dans sa maison, un *premier avoir* quelconque, et jouissait de revenus indépendans de son *commerce courant.*

Ce premier *avoir*, que nous ne composons, quant à présent, que d'argent et de marchandises, s'appela et s'appelle encore *capital primitif.*

Les revenus successifs, soit en argent, soit en marchandises, et indépendans du commerce, venaient en accroissement, comme les dépenses personnelles du négociant et de sa famille, et toutes autres étrangères au commerce, venaient en déduction du capital primitif.

Notre négociant dut désirer de pouvoir toujours reconnaître sa situation par rapport à ce capital, ainsi que l'influence que les chances de son commerce exerçaient sur ce même capital.

Dans cette vue, il inscrivit d'abord ce qu'il possédait en argent dans la colonne des recettes du compte de caisse; mais en même temps, puisqu'il voulait toujours pouvoir se rendre compte de son capital propre, il a dû, sur un autre registre, ou dans une autre division du livre de caisse, inscrire la portion de son capital consistant en deniers, qu'il versait dans la caisse destinée à pourvoir à ses besoins de toute nature.

Quant aux marchandises de la valeur desquelles l'argent était devenu la mesure (11), et qu'il affectait à son commerce, il les a évaluées à un taux modéré, et en a encore inscrit le montant au compte qu'il ouvrait à son capital, à la suite des valeurs en deniers, et la colonne dans laquelle il a fait ces inscriptions présenta ainsi tout son *avoir en capital primitif.*

22. Enfin, puisqu'il voulait avoir d'une autre part le tableau ou le compte de sa situation commerciale, sans confusion aucune avec sa fortune précédemment acquise, il a nécessairement consacré à cette destination un troisième registre ou une troisième division du registre unique, et il y a inscrit dans une colonne ouverte *ad hoc*, pour leur valeur en argent, les diverses parties de marchandises provenant de son capital primitif, qui devenaient objet de commerce. Établissement d'un livre ou compte spécial pour les marchandises.

23. Après ces dispositions préparatoires, notre négociant a commencé ses opérations commerciales. Rapports du compte de caisse avec le compte de marchandises.

Faisait-il un achat de marchandises (n'oublions pas que nous sommes toujours sous le régime du commerce au comptant)? il fallait faire sortir de la caisse le prix de cet achat, et l'inscrire au compte de caisse dans la colonne des *sorties* ou des *dépenses.* Mais il fallait aussi inscrire au compte de marchandises, et dans la colonne (22) destinée à recevoir l'expression *de toutes les sommes engagées dans le commerce,* ce même prix coûtant des nouvelles marchandises qui entraient en magasin.

Payait-il des transports, des droits dus à l'Etat, des salaires d'ouvriers, des locations de magasin, et enfin faisait-il un déboursé quelconque qui fût une charge des marchandises, et qui dût entrer dans la composition de leur valeur vénale? il s'ensuivait d'abord une inscription dans la colonne des sorties de caisse, et ensuite une autre dans la même colonne que dessus, du compte de marchandises.

Faisait-il une vente? inscription de la recette au compte de caisse à la colonne *des entrées,* et inscription du produit de la vente au compte de marchandises, dans une deuxième colonne destinée à recevoir l'expression des produits du commerce, et ouverte à côté ou en regard de celle dans laquelle on avait inscrit (22) le prix évalué des marchandises provenant du capital primitif, et (23) le prix coûtant des autres marchandises en principal et accessoires.

Cette marche s'appliquait naturellement à toutes les opérations sans exception *occasionées par le commerce de notre négociant.*

24. Mais nous avons vu (21) que le commerçant dont nous suivons la marche pouvait faire des recettes en argent et en denrées, indépendamment de son commerce; c'étaient, par exemple, des prix de fermage, de location, des produits de ventes de denrées, de meubles ou d'immeubles à lui appartenant et hors de Rapports du compte de capital avec ceux de caisse et de marchandises.

son commerce; ce pouvait être encore des marchandises provenant de ses propriétés foncières, et susceptibles d'entrer dans son commerce.

Les revenus ou produits en argent, à mesure qu'ils étaient réalisés, augmentaient donc le capital disponible du négociant, et devaient être inscrits au compte de capital dans la colonne de l'*avoir* (21), comme ils augmentaient l'existant en caisse, et devaient être inscrits au compte de caisse dans la colonne des *entrées*.

Les revenus ou produits en marchandises propres à son commerce devaient, par la même raison, être inscrits pour leur valeur en argent, d'une part au compte de capital, dans la colonne de l'avoir, et d'autre part au compte de marchandises, dans la colonne des *valeurs engagées dans le commerce* (22).

Notre négociant avait également des dépenses indépendantes de son commerce.

C'étaient ses dépenses personnelles de toute nature et celles de sa famille; c'étaient encore des réparations ou des achats d'immeubles, des prêts ou des dons à des amis, qui se prélevaient sur la caisse.

Ces dépenses diminuaient d'autant le capital disponible, et dûrent par conséquent être inscrites dans une deuxième colonne ouverte à côté ou en regard de celle présentant l'*avoir* en capital, et consacrée *aux emplois hors du commerce*, et par conséquent aux diminutions du capital inscrit dans la première colonne.

DEUXIÈME SECTION.

REMARQUES SUR LES DIVERSES ÉCRITURES FAITES SOUS LE RÉGIME DU COMMERCE AU COMPTANT.

Nombre et objet des comptes ouverts. (Voir les modèles sous les nos I, II et III des Tableaux accessoires.)

25. Notre négociant a ouvert trois comptes distincts, l'un (21) pour constater les mouvemens de son capital; le deuxième pour constater les mouvemens de sa caisse; le troisième enfin (22), pour constater le mouvement et le résultat de ses affaires commerciales.

Uniformité des comptes.

26. Ces trois comptes sont établis dans une forme analogue, et présentent chacun deux colonnes ouvertes sur une même page à côté, ou sur deux pages en regard l'une de l'autre. (Nous supposerons dorénavant qu'elles sont sur deux

pages en regard, parce que c'est la forme la plus généralement usitée.) Ces colonnes sont destinées à recevoir, l'une, placée à gauche, les sommes qui chargent ou grèvent un compte; l'autre, placée à droite, les sommes qui déchargent ou dégrèvent ce même compte.

27. La fonction de ces deux colonnes, en ce qui concerne les comptes de caisse et de marchandises, ne provoque aucune observation; car il est évident que toutes les sommes versées en caisse, comme toutes les marchandises versées en magasin, chargent la caisse ou le magasin, qui doivent représenter ces valeurs jusqu'à ce qu'elles en sortent par la volonté du négociant, et qu'en en sortant, elles déchargent d'autant ces mêmes comptes.

Développement de l'observation précédente, notamment en ce qui concerne le compte de capital.

Mais à cet égard le compte de capital demande peut-être un peu plus d'attention.

La première écriture faite au compte de capital (21) a eu pour objet de constater que le négociant affectait à ses affaires un capital primitif en argent, et, de plus, que ce capital en argent était versé dans la caisse, au compte et à la charge de laquelle il a été passé écriture correspondante; c'est donc dans la caisse qu'on doit maintenant trouver cette portion du capital primitif; c'est donc la caisse qui en est chargée; donc le compte de capital doit en être déchargé.

La chose s'est absolument passée de même (21 et 22) pour la partie du capital primitif consistant en marchandises versées en magasin, et nous en tirons la même conséquence.

Pour rendre la démonstration plus frappante, supposons que le négociant ait confié l'administration de ses affaires particulières indépendantes de son commerce à un comptable, celle de ses affaires commerciales à un deuxième, et la tenue de sa caisse à un troisième auquel les deux premiers doivent verser tous leurs fonds disponibles, et demander ceux dont ils auraient besoin; supposons de plus que ce négociant ouvre chez lui un compte à chacun de ces trois comptables, pour résumer leurs opérations et connaître journellement leur situation; nul doute que sur ces comptes, l'administrateur des affaires personnelles ou indépendantes du commerce ne soit *déchargé* de toutes les sommes par lui versées au caissier, ou de celles exprimant la valeur des marchandises livrées au gérant du commerce, et qu'en même temps ces deux derniers ne soient *chargés* des mêmes sommes : l'un ne peut aller sans l'autre. Il n'est pas moins constant que le caissier et le gérant du commerce seraient *déchargés* de toutes les sommes ou valeurs en marchandises par eux remises à l'administrateur de la fortune particulière, pour tout usage étranger au commerce, comme ils seraient *chargés* de tous les versemens que celui-ci leur ferait; et qu'au contraire, ce dernier serait *chargé* lorsqu'il recevrait, et *déchargé* lorsqu'il verserait.

En un mot, l'un de ces trois individus ne peut être *chargé* sans qu'un autre soit *déchargé*, et *vice versà*, puisque toutes les opérations comportant des écritures se passent entre eux trois, et qu'on n'en peut concevoir aucune qui n'intéresse deux d'entre eux en sens inverse.

Hé bien, en ce qui concerne la comptabilité, les trois comptes établis par notre négociant (20, 21 et 22) représentent ceux des comptables dont nous venons de supposer l'existence: que ces employés existent ou n'existent pas, les comptes ont la même forme, la même destination, et présentent les mêmes résultats.

Donc la colonne de l'*avoir* ouverte au compte de capital pour recevoir l'inscription de toutes les valeurs en argent ou en marchandises, provenant tant du capital primitif que de sources étrangères au *commerce courant*, et versées soit à la caisse, soit au magasin, est une colonne à *décharge* ou de *crédit*, suivant l'expression usitée en cette matière; donc la colonne ouverte au même compte pour recevoir l'inscription des valeurs en argent ou en marchandises employées à des usages étrangers au *commerce courant*, est une colonne à *charge* ou de *débit*.

Double écriture pour chaque opération.

28. Toute opération faite par notre négociant, et de nature à être consignée dans ses comptes (21, 22, 23 et 24), donne lieu à une écriture double, l'une à la *charge* ou au *débit* d'un compte, l'autre à la *décharge* ou au crédit d'un autre compte.

Égalité ou balance des totaux au débit et des totaux au crédit. (*Voir* l'application n° 38.)

29. Les totaux réunis des trois colonnes de *débit* sont donc, à moins qu'il n'y ait erreur ou omission, nécessairement égaux aux totaux réunis des trois colonnes de crédit, d'où il résulte un moyen très-facile de s'assurer si les écritures passées sont exactes.

Nota. Il y a erreur à rechercher et à rectifier toutes les fois que la balance n'est pas rigoureuse.

Facilité résultant de la forme de ces comptes pour vérifier la situation du

30. Des comptes ainsi établis permettent au négociant de vérifier à chaque instant, et avec toute facilité, sa situation par rapport à son capital et à son commerce, comme nous avons vu (20) qu'il pouvait le faire par rapport à sa caisse.

Pour son capital, il lui suffit de comparer le total de la colonne à *décharge* ou du *crédit*, au total de la colonne à *charge* ou du *débit*, et la différence exprime la somme en capital qui reste disponible, et qui doit se trouver, soit en deniers dans la caisse, soit en marchandises dans le magasin, sauf les résultats du commerce en perte ou en bénéfice depuis l'ouverture des comptes.

négociant par rapport à son capital. (*Voir* l'application n° 40.)

31. Pour son commerce, il additionne d'abord la colonne du débit du compte de marchandises, laquelle présente la masse des sommes engagées dans le commerce (24), et la colonne du *crédit* ou des produits; si la première est la plus forte, la différence exprime la somme engagée dans le commerce et non encore couverte par les produits réalisés; si c'est la colonne des produits qui l'emporte, la différence exprime un bénéfice déjà réalisé, lequel doit s'accroître du produit éventuel de la vente des marchandises restant en magasin.

Même facilité par rapport à son commerce. (*Voir* l'application n° 39.)

Mais pour avoir une situation précise et complète, c'est-à-dire, pour connaître au vrai les résultats de son commerce jusqu'au moment où il procède à cette vérification, il doit évaluer les marchandises restant en magasin au prix coûtant en principal et accessoires, s'il n'y a pas de causes qui s'opposent à ce qu'elles reproduisent ce prix à la vente, même avec le bénéfice raisonnable qu'il devait en espérer, et à un prix proportionnellement moindre dans le cas contraire : c'est ce qu'on appelle faire l'inventaire de son magasin.

Le total de cette évaluation, qui est un produit présumé, s'ajoute à celui des produits réalisés au moment de la vérification, et l'on en compare le total général avec celui des valeurs engagées, c'est-à-dire, du prix coûtant en principal et accessoires, ou du *débit*, ce qui est une et même chose. Ou les deux totaux sont égaux, ou les produits ainsi accrus de la valeur des marchandises inventoriées l'emportent sur le prix coûtant, ou enfin ce prix coûtant dépasse les produits réalisés et présumés.

Dans le premier cas, le commerce n'a donné ni perte ni bénéfice.

Dans le deuxième, la différence exprime le bénéfice résultant des opérations commerciales jusqu'à la date de l'inventaire.

Et dans le troisième, la différence exprime la perte.

32. C'est donc uniquement du compte de marchandises que le négociant fait, et doit réellement faire ressortir les résultats de son commerce.

C'est exclusivement le compte de marchandises qui fait ressortir les pertes ou bénéfices du

En effet, le compte de capital ne peut rien gagner ni perdre par lui-même, puisque les valeurs qui composent le capital sont, dès le commencement de la gestion, immédiatement portées au débit des comptes de caisse et de marchandises, qui en deviennent en quelque sorte responsables, et qui doivent les repré-

(Voir l'application sous le n° 40.) senter. Si le capital vient à diminuer plus tard, c'est parce qu'il y aura eu perte dans le commerce, et que, par suite, le compte de marchandises ne pourra pas représenter tout le capital qui lui a été confié, c'est-à-dire dont il a été débité.

Le compte de caisse ne peut non plus faire par lui-même de pertes ni de bénéfices, car la caisse ou le caissier est un agent passif qui rend fidèlement ce qu'on lui confie, et qui ne peut jamais rendre ni plus ni moins.

Il ne reste donc que le compte de marchandises qui puisse perdre ou gagner, et cela se conçoit au premier aspect, puisque ce compte présente le tableau de toutes les opérations commerciales.

C'est d'ailleurs une conséquence nécessaire de la profession du négociant proprement dit. En quoi consiste, en effet, cette profession? A acheter des marchandises en temps utile, et sur les points d'extraction les plus favorables, pour les revendre avec bénéfice aux consommateurs, ou à d'autres marchands qui ne sont pas assez riches pour porter leurs prévisions aussi loin.

Mais, s'il y a détérioration des marchandises, ou dépréciation dans les cours, la vente est défavorable, et les produits diminuent d'autant; les accidens de route, les fausses combinaisons, etc., affectent également le compte de marchandises, soit en accroissant les déboursés portés au débit, soit en réduisant les produits de vente portés au crédit. Les causes opposées produisent des effets précisément contraires, qui affectent également le débit ou le crédit de ce même compte.

Donc, encore une fois, c'est la situation du compte de marchandises, établie comme on vient de le voir (31), qui peut seule faire connaître à notre négociant les résultats de son commerce.

Coupure entre deux années successives. (Voir l'application n° 41.)

33. Une pareille situation est trop utile et trop facile à établir, pour que notre négociant ne s'en occupe pas de temps à autre, par préférence à des époques périodiques, et au moins d'année en année, comme il est généralement d'usage dans le commerce.

Le négociant trouve ordinairement la balance en sa faveur, sans quoi il discontinuerait son commerce; et cette balance doit même excéder ses dépenses personnelles et celles de sa famille, dont il n'a pas fait (21 et 24) une charge du compte de marchandises, et qu'il a portées dans la colonne à charge, c'est-à-dire au débit du compte de capital.

Mais, pour tracer une ligne de démarcation précise entre les deux années consécutives, il considère comme vendues les marchandises restant en magasin à la fin de l'année expirée, et il en décharge ou crédite le compte de marchandises comme si le produit en était réalisé. Se rappelant ensuite qu'à l'ouverture de ses comptes

(21 et 22) il a crédité le compte, ou (27) le comptable du capital, et débité celui de marchandises, de la portion dudit capital, consistant en objets de commerce, il en conclut qu'il doit suivre une marche inverse, qu'en déchargeant ou créditant, comme il vient de le faire, le compte de marchandises de celles non vendues, il ne peut se dispenser de les rendre au compte ou au comptable du capital, qui devra jusqu'à nouvel ordre les représenter, et que par conséquent il doit l'en débiter.

Nota. Il faut aussi admettre l'hypothèse de perte, mais nous le ferons lorsque nous en serons aux applications.

Mais puisque le négociant vient de restituer au compte de capital les marchandises existant en nature en fin d'année, et qu'il s'agit d'une clôture de comptes, il doit suivre une marche analogue pour la caisse, et il la déchargera ou créditera des fonds non employés, en même temps qu'il en débitera le compte de capital.

Le compte de caisse sera donc balancé exactement, puisqu'il aura été crédité de tout ce dont il avait été débité; et comme (24) la masse des débits doit égaler celle des crédits, et que par conséquent les masses des excédans de part et d'autre doivent pareillement se balancer, le négociant trouvera nécessairement au débit de capital un excédant égal à celui que présente le crédit de marchandises, c'est-à-dire un accroissement de capital égal au bénéfice de l'année.

Il ne peut d'ailleurs en être autrement; car, puisque toutes les valeurs commerciales du négociant, puisque tout ce qu'il possédait en marchandises et en argent au moment de son inventaire a été porté au débit du compte de capital, il faut bien qu'il y retrouve, outre les sommes nécessaires pour balancer la partie du capital primitif versée dans le commerce, c'est-à-dire outre le montant du crédit, le bénéfice en argent ou marchandises provenant de ses opérations de l'année.

Enfin, si le négociant, avant de clore définitivement les trois comptes de l'exercice expiré, veut les balancer exactement, il suppose que le compte ou le comptable du capital paie effectivement le bénéfice de l'année au compte ou comptable du magasin, et par conséquent il en crédite le compte de capital et en débite celui de marchandises.

Les comptes anciens ainsi balancés, notre négociant ouvre ceux du nouvel exercice, comme il a fait dans l'origine (20, 21 et 22), c'est-à-dire qu'il crédite le compte ou comptable du capital, 1° par le débit de caisse des sommes en argent; 2° par le débit de marchandises, des valeurs faisant objet de commerce, qui restaient de l'exercice précédent.

Les comptes tenus par notre négociant sont des comptes en parties doubles.

34. La forme donnée par notre négociant à ses trois comptes de capital, de caisse et de marchandises, et les propriétés que nous venons de leur reconnaître, sont précisément celles qui caractérisent les comptes que l'on appelle en *parties doubles*. Un simple esprit d'ordre, le seul désir de se rendre compte exactement, l'ont mis sur cette voie, et l'ont fait arriver au but; aussi tenons-nous pour constant qu'il y a eu de vrais comptes en *parties doubles* bien longtemps avant qu'on ait pensé à écrire des traités pour en démontrer la méthode et les avantages, par la même raison qu'il y a eu des écrivains avant des grammairiens, et que l'on a cultivé les sciences avant qu'on eût rédigé des livres élémentaires.

Tout incontestables que sont les propositions énoncées ci-dessus, quelque rigoureux que soit leur enchaînement, des exemples en chiffres ajouteront, s'il est possible, à leur évidence.

TROISIÈME SECTION.

APPLICATIONS.

Modèles des comptes.

35. Soient, sous les Nos I, II et III des Tableaux accessoires, les modèles des trois comptes ouverts par notre négociant, l'un (21) pour les mouvemens du capital, le deuxième (20) pour les mouvemens de la caisse, et le troisième (22) pour le mouvement des valeurs en marchandises.

Rappelons-nous aussi que nous sommes toujours sous le régime du commerce au comptant, et faisons les écritures que comportent les opérations ci-après indiquées.

Écritures du capital primitif.

36. Comme nous l'avons vu (21), le négociant, à l'époque dont nous le faisons partir, est propriétaire d'un capital libre et antérieurement acquis, consistant, savoir :

En argent.	80,000 fr.
En marchandises diverses évaluées à un taux modéré. . .	70,000
Total.	150,000

Il inscrit donc, à la date du 1er janvier, que nous prenons pour premier jour de la période convenue, d'une part, à l'*avoir*, c'est-à-dire au *crédit* du compte de capital (27), et d'autre part, au débit du compte de caisse, la somme de. . . . . 80,000 fr.
avec mention au compte de capital, du versement à la caisse, et au compte de caisse, de l'origine de ladite somme.

Pareille inscription à la même date et avec semblables mentions, d'une part, au crédit du compte de capital, et d'autre part, au débit du compte de marchandises, pour les 70,000 fr. consistant en objets de commerce.

37. Le 10 janvier, vente de 50,000 fr. de marchandises, dont il est fait écriture (23) au débit de caisse et au crédit de marchandises. Écritures diverses en courant d'exercice.

Le 12 janvier, achat de 35,000 fr. de marchandises, dont il est fait écriture au crédit de caisse et au débit de marchandises.

Le 20 janvier, vente de 40,000 fr. de marchandises. Écriture au débit de caisse et au crédit de marchandises.

Le 21 janvier, dépense de 3,000 fr. pour transport de marchandises achetées, et dont (23) il est fait écriture au débit de marchandises et au crédit de caisse.

Le même jour, prélèvement de 500 fr. pour dépenses personnelles du négociant.

Écriture (24) au crédit de caisse et au débit de capital.

Le 22, payé 2,000 fr. pour droits dus à l'État, à la charge des marchandises.

Écriture (23) au crédit de caisse et au débit de marchandises.

Le 25, achat de 40,000 fr. de marchandises.

Écriture comme pour le précédent achat.

Le 30, paiement de 1500 fr. pour appointemens d'employés et salaires des ouvriers, pour la réception, la livraison, la manipulation et l'entretien des marchandises pendant le mois.

Écritures (23) au débit de marchandises et au crédit de caisse.

Le même jour, paiement de 500 fr. pour dépenses personnelles du négociant ou de sa famille.

Écritures (24) au débit de capital et au crédit de caisse.

Le même jour, recette de 1500 fr. provenant d'un recouvrement étranger au commerce.

Écritures (24) au crédit de capital et au débit de caisse.

Le même jour, payé 500 fr. pour location de magasins.

Écritures (23) au débit de marchandises et au crédit de caisse.

Le même jour, entrée en magasin d'objets de commerce provenant des propriétés particulières du négociant, ou de toute autre source étrangère au commerce, pour une valeur de 2,000 fr.

Écritures (24) au crédit de capital et au débit de marchandises.

Le même jour, remboursement, par un acheteur, de 300 fr., pour frais de magasinage et autres à sa charge, et qui avaient été payés et portés précédemment au débit du compte de marchandises.

Écritures au débit de caisse et au crédit de marchandises.

Pour opérer sur une année entière, nous ne pourrions maintenant que répéter des écritures semblables à celles ci-dessus, qui ne nous en apprendraient pas davantage.

Nous allons donc faire nos observations sur celles d'un mois comme si c'étaient celles d'une année.

Balance générale des comptes. 38. Toutes ces écritures passées, comme on le voit aux modèles de comptes, on peut profiter du moyen reconnu (29) pour s'assurer de leur exactitude matérielle. Additionnant donc les débits et les crédits, nous trouvons les sommes suivantes :

	DÉBITS.	CRÉDITS.	EXCÉDANS DE DÉBIT.	EXCÉDANS DE CRÉDIT.
Capital	1,000	153,500		152,500
Caisse.	171,800	83,000	88,800	
Marchandises. . .	154,000	90,300	63,700	
Totaux égaux. . .	326,800	326,800	152,500	152,500

D'où nous concluons que les écritures sont correctes. Si la balance n'avait pas été juste, c'est qu'on aurait commis quelque erreur, que l'on reconnaîtrait nécessairement en comparant l'un après l'autre tous les articles de débit avec les articles correspondans de crédit, qui doivent être parfaitement égaux aux premiers.

Calcul des bénéfices de la période. 39. Passant ensuite à la comparaison du débit et du crédit de chaque compte considéré isolément, nous commençons par le compte de marchandises, afin de reconnaître quels sont les bénéfices ou les pertes de l'année. Nous voyons d'abord dans le tableau ci-dessus que les produits qui constituent le crédit sont inférieurs aux sommes engagées dans le commerce, et dont se compose le débit, de. . . . . 63,700 fr.

Mais nous devons, avant d'aller plus loin, compléter le crédit du compte de marchandises, en y portant la valeur des marchandises non vendues, restant en magasin, et estimées à un taux modéré. Vérification faite des quantités et de leur état, il en résulte qu'elles représentent une valeur de. 70,000

considérée comme un produit présumé. Nous en créditons donc le compte de marchandises (33) par le débit de capital, d'où il suit que l'excédant du crédit ou du produit, sur le débit de marchandises, autrement dire, que le bénéfice produit par les opérations commerciales de la période est de. 6,300

S'il y avait eu des marchandises pour moins des 63,700 fr. non couverts par les ventes, il y aurait eu perte du montant de la différence : cela n'exige pas de démonstrations.

40. Suivant que nous l'avons vu plus haut (33), nous devons restituer au capital, c'est-à-dire porter au débit de son compte et au crédit de la caisse, les fonds restant libres en fin d'exercice. Nous voyons par la balance (38) que ces fonds montent à. . . . . 88,800 fr. *Accroissement du capital.*

Rappel de ce que nous venons (39) de porter au débit de capital pour valeur des marchandises non vendues, ci. 70,000

Total. 158,800

Le débit indépendant de ces deux écritures était, suivant la balance, de. 1,000

Total général du débit. 159,800

A déduire le crédit. 153,500

Excédant de débit égal au bénéfice (39). 6,300

Si nous n'avions rendu au capital que ce qu'il avait versé primitivement (35) à la caisse et aux marchandises, il n'aurait été débité que de ce dont il aurait d'abord été crédité, et le compte se balancerait; mais puisqu'il y a un excédant de débit, c'est que nous lui avons rendu davantage, et cet excédant est nécessairement un accroissement de capital.

Faisant l'hypothèse contraire, il eût été possible que, tandis que la balance primitive (33) faisait ressortir au débit de marchandises un excédant de. 63,700 fr. on n'eût trouvé en magasin des marchandises non vendues que pour

Report de l'autre part . . . . 63,700 fr.
une valeur de 56,000
et par conséquent, après avoir porté cette dernière somme au crédit de marchandises et au débit de capital, comme il est dit (39), il y aurait eu à ce premier compte un excédant de débit, autrement dire, une perte de. 7,700
puisqu'il s'en faudrait de cette somme, que les produits réalisés et présumés portés au crédit n'égalassent le montant du débit, c'est-à-dire du prix coûtant des marchandises en principal et accessoires.

D'un autre côté, le compte de capital aurait été, comme dans l'hypothèse de bénéfice, débité des fonds libres qui ne varient pas, ci. . . . 88,800 fr.
Rappel de ce qui vient d'être porté au débit du même compte pour valeur des marchandises non vendues. 56,000

Total.	144,800
Le débit était précédemment de.	1,000
Total général du débit.	145,800
A déduire le crédit, qui reste le même.	153,500
Excédant de crédit égal à la perte.	7,700

[...]ôture des [...]mptes, et [...]ssage au [...]uvel exercice.

41. Maintenant supposons, comme nous l'avons indiqué (33), que le compte ou comptable du capital rembourse le bénéfice à celui de marchandises, et que par conséquent ce premier soit crédité de cette même somme par le débit du dernier; les deux comptes seront définitivement clos et balancés.

Quant au compte de caisse, il est naturellement balancé, puisque nous en avons vu ci-dessus sortir tout ce qui y restait, et qu'il ne peut en sortir ni plus ni moins que ce qui y est entré.

Il ne reste donc plus qu'à ouvrir les comptes du nouvel exercice, et notre négociant procède comme il l'a fait dans l'origine (35), c'est-à-dire qu'il crédite le capital, et qu'il débite la caisse de la somme de. . . . . 88,800 fr.
qui restait libre à la fin de la période, et qu'il crédite pareillement le capital et débite les marchandises, de celles non vendues à la même époque, ci. 70,000

Total du nouveau capital. 158,800

S'il y avait perte, on supposerait au contraire que le compte ou comptable des marchandises rembourse à celui du capital le montant de la perte; on créditerait donc le premier, et l'on débiterait le second, pour les clore et les balancer; et, pour le nouvel exercice, il n'y aurait à porter au débit de marchandises

que. . . . . 56,000 fr.
au débit de caisse. 88,800

Total au crédit de capital. 144,800

Nota. Il est presque inutile de faire remarquer que, ne nous proposant que de faire connaître les motifs et le mécanisme des écritures, nous les avons faites très-sommaires; mais, dans la pratique, il faudrait y ajouter tous les détails dont le négociant jugerait utile de conserver les traces; ainsi, pour les achats et les ventes, il pourrait indiquer les noms des acheteurs et des vendeurs, la nature et les quantités de marchandises, leur poids, leur prix, etc., etc., et insérer dans ses autres écritures des renseignemens analogues sur les opérations, recettes ou paiemens qui y donneraient lieu.

Nous ajoutons que notre tâche ne serait pas complètement remplie si le commerce se faisait encore exclusivement au comptant, comme nous l'avons supposé. Il nous resterait à indiquer comment notre négociant aurait été amené, d'après l'esprit d'ordre dont nous le supposons animé, à diviser et subdiviser son compte de marchandises; mais, comme d'une part nous n'avons voulu, dans cette partie de notre travail, reconnaître que les principes d'une bonne comptabilité commerciale, lesquels principes reçoivent leur pleine et entière application dans la formation et les rapports des trois comptes fondamentaux de *capital*, de *caisse* et de *marchandises*; comme, d'une autre part, les observations que nous aurions faites sont entièrement applicables au système actuel de commerce et de comptabilité, dont nous nous occuperons dans les troisième et quatrième parties, nous nous réservons de les produire en temps utile.

TROISIÈME PARTIE.

DE LA COMPTABILITÉ

APRÈS L'INTERVENTION DU CRÉDIT DANS LE COMMERCE.

PREMIÈRE SECTION.

MODIFICATIONS DANS LES ÉCRITURES PAR SUITE DE L'INTERVENTION DU CRÉDIT DANS LE COMMERCE.

Intervention du crédit dans le commerce.

42. L'INTERVENTION de la monnaie dans les transactions commerciales était sans doute une grande amélioration, par comparaison avec l'état du commerce par simple voie d'échange. Cependant l'extension des affaires, les distances auxquelles elles se traitaient, le désir de les multiplier encore, introduisirent un nouvel usage qui caractérise une troisième époque, tant pour l'exploitation que pour la comptabilité du commerce.

Les acheteurs et les vendeurs convinrent de se donner réciproquement du temps pour faire leurs paiemens en argent.

Telle est l'institution du *crédit* qui fit prendre au commerce un nouvel essor, et qui d'ailleurs n'exclut pas les opérations au comptant.

Un négociant qui faisait des affaires étendues avait donc un certain nombre de vendeurs à qui il devait, et d'acheteurs qui lui devaient, autrement dit, un certain nombre de *créanciers* et de *débiteurs*. Il pouvait ensuite donner et recevoir des à compte successifs.

Inscription au compte de marchandises des achats et ventes à crédit.

43. Remettons donc en scène le négociant dont nous avons supposé l'existence dans la deuxième partie, et voyons ce qu'il a dû faire dans les circonstances indiquées ci-dessus.

Il fait un achat à crédit; la marchandise est en magasin, et peut, le jour même ou le lendemain, être vendue au comptant ou à crédit.

Certainement il débite le compte de marchandises du prix d'achat comme s'il l'avait payé comptant, car le débit du compte de marchandises doit (33) présenter la masse des valeurs engagées dans le commerce : or, la somme que doit payer notre négociant pour prix d'une marchandise qui lui a été livrée à crédit, est aussi réellement engagée dans le commerce que s'il l'avait payée de suite. D'ailleurs on ne peut raisonnablement admettre, dans le cas où tout ou partie de cette marchandise viendrait à être vendue au *comptant* avant le paiement du prix d'achat, que le compte de marchandises fût crédité du prix de vente avant d'avoir été débité du prix d'achat. L'article de crédit constate la sortie du magasin et les conditions auxquelles la marchandise a été livrée; or, l'entrée doit nécessairement précéder la sortie, et doit être constatée de la même manière. Ainsi pas le moindre doute à cet égard.

Notre négociant fait ensuite une vente à crédit et livre la marchandise. Cette opération est aussi bien consommée qu'une vente au comptant; le produit en est assuré, et par conséquent doit être inscrit à la colonne des produits ou du crédit. Le compte des marchandises est le compte des valeurs en magasin, et par conséquent toute sortie du magasin doit être inscrite à sa décharge.

Ainsi, tous achats ou ventes à crédit sont d'abord inscrits au débit ou au crédit du compte de marchandises, comme les achats et ventes au comptant.

Insuffisance de l'inscription au compte de marchandises des opérations à crédit.

44. Mais notre négociant a bientôt reconnu que ces inscriptions étaient insuffisantes. Il fait successivement et à diverses époques des achats et des ventes à crédit avec un même individu; d'après la marche établie, chacune de ces opérations est inscrite au débit ou au crédit du compte de marchandises dans l'ordre où elle est faite, et par conséquent se trouve intercalée entre des opérations faites à crédit ou au comptant avec d'autres individus. Il reçoit aussi ou donne des à-compte qui sont inscrits comme de raison au compte de caisse (20). Veut-il ensuite savoir quelle est sa situation vis-à-vis d'un de ces correspondans avec lesquels il est en courant d'affaires à crédit? il est obligé de passer en revue tous les articles des comptes de caisse et de marchandises, pour savoir si les époques convenues pour les paiemens à faire de part ou d'autre sont arrivées, et pour comparer les articles de débit et de crédit de ces deux comptes, afin d'en déduire sa situation vis-à-vis de ce correspondant; c'est-à-dire que lui, qui avait introduit de l'ordre dans ses écritures, sous le régime simple du commerce au comptant, retomberait dans la

confusion à l'époque où ses affaires devenant plus compliquées par l'intervention du crédit, auraient besoin d'être encore mieux ordonnées.

Ouverture de comptes spéciaux pour chaque vendeur ou acheteur à crédit. *Voir les modèles, sous les nos IX et X des Tableaux accessoires.*

45. Pour parer à cet inconvénient, il s'est présenté à son esprit un moyen fort simple; ce fut d'ouvrir sous le nom du correspondant dont il s'agit, sur son registre de comptes, et dans la même forme que les trois comptes déjà établis pour les opérations au comptant, un compte spécial pour y consigner les résultats en argent des opérations qu'il faisait avec ce correspondant *au fur et à mesure qu'elles se consommaient;* il a donc porté d'un côté et *à gauche,* comme il en a usé (26) pour le compte de caisse, les sommes à la charge ou au débit de son correspondant, c'est-à-dire, celles que ce dernier lui devait pour raison des marchandises qu'il lui vendait à crédit, ou des à-compte successifs qu'il lui versait en paiement des achats à crédit qu'il lui avait faits, et de l'autre côté, *à droite,* les sommes à la décharge ou au crédit du correspondant, c'est-à-dire celles qu'il devait à celui-ci pour raison des sommes en argent ou des marchandises à crédit qu'il en recevait.

Ces comptes reçurent et portent encore le nom de *comptes courans.*

Par ce moyen, il put à chaque instant avoir sous les yeux l'ensemble et le détail des opérations faites avec ce correspondant, et pour savoir de combien le débit l'emportait sur le crédit, ou *vice versâ,* il lui suffisait de faire deux petites additions et d'en comparer les totaux.

Ce procédé présentait évidemment trop d'avantages, pour que notre négociant ne l'appliquât pas immédiatement à tous ceux de ses correspondans auxquels il accordait ou dont il recevait crédit. Il ouvrit donc à chacun d'eux un *compte courant.*

Déboursés et avances diverses assimilés aux achats et ventes à crédit.

46. C'est aussi aux achats et ventes à crédit qu'il faut assimiler 1° les déboursés divers faits respectivement et qui grèvent les marchandises achetées ou vendues à crédit, ou qui, pour quelque motif que ce soit, viennent à la charge ou à la décharge du correspondant; 2° les remises effectives faites en argent pour emplois à faire postérieurement. Dès qu'une dépense de cette nature est faite par notre négociant, il doit en créditer la caisse et en débiter son correspondant. Au contraire, dès qu'une pareille dépense est faite pour compte de ce premier par son correspondant, il doit créditer celui-ci et débiter le compte de marchandises, si elle est relative à son commerce, le capital (21), si elle est étrangère à son commerce, ou la caisse, s'il s'agit d'une remise effective d'argent, sauf emploi postérieur.

Établisse-

Notre négociant eut donc, indépendamment des trois comptes de *capital,* de *caisse* et de *marchandises* (20, 21 et 22), des comptes courans dont le nombre s'accrut en raison de l'extension de ses relations commerciales. Mais il éprouva bientôt un inconvénient résultant de cette multiplicité d'opérations réparties entre un grand nombre de comptes.

ment d'un Journal par ordre de dates et de nos. (Voir le modèle, sous le no IV des Tableaux accessoires.)

Tantôt il avait besoin de se reporter aux opérations qu'il avait faites à telle ou telle date, et, ne se rappelant plus à quels comptes elles se rapportaient, il était obligé de feuilleter son registre pour trouver les divers comptes auxquels il avait passé des écritures à ces époques.

Tantôt il remarquait que les détails dont il avait dû charger ses comptes de caisse, de marchandises, et ses comptes courans, pour ne pas perdre de vue les renseignemens dont il lui importait de conserver des traces (*Nota à la suite du n° 41*), rendaient ces comptes trop volumineux, et l'empêchaient de les resserrer dans des tableaux aussi concis qu'il était à désirer.

Ces considérations l'amenèrent à revenir à un *mémorial* ou *Journal-général*, sur lequel étaient inscrites toutes ses opérations, par *ordre de dates et de numéros*, avec tous les détails que ses prévisions pouvaient lui faire juger utiles, mais en conservant tous les comptes précédemment ouverts, auxquels alors il lui suffisait de porter des écritures très-sommaires, et en une seule ligne par article, parce qu'au moyen du rappel, dans cette même ligne, de la date et du numéro, il pouvait sans peine recourir à l'article correspondant du journal; comme en indiquant au journal les comptes auxquels se rapportaient les écritures et leurs folios, il pouvait, avec la même facilité, se reporter à ces comptes.

A la faveur des comptes divers maintenus par notre négociant, tous les articles du journal deviennent indépendans l'un de l'autre; il n'est donc pas besoin de les additionner, et ils n'en sont pas même susceptibles, puisque l'on porte à la suite les uns des autres, les articles de crédit et de débit de tous les comptes sans distinction.

DEUXIÈME SECTION.

REMARQUES SUR LES NOUVEAUX COMPTES OUVERTS PAR SUITE DE L'INTRODUCTION DU CRÉDIT DANS LE COMMERCE.

48. Toutes les écritures faites aux comptes courans des correspondans sont motivées sur les causes ci-après :

Les écritures provoquées

par la création des comptes courans des correspondans, sont de véritables écritures en parties doubles.

1° Achats à crédit;

2° Paiemens totaux ou partiels du montant desdits achats;

3° Ventes à crédit;

4° Recettes totales ou partielles du montant desdites ventes;

5° Déboursés faits par un correspondant, soit à la charge de marchandises, soit à la charge de capital;

6° Paiement total ou partiel de ces déboursés;

7° Déboursés faits pour compte du correspondant;

8° Recettes totales ou partielles de ces déboursés;

9° Versemens purs et simples de fonds faits en compte courant par un correspondant;

10° Remises pures et simples de fonds faites en compte courant à un correspondant.

Or, ces motifs sont rappelés ci-dessus (43, 44, 45 et 46), et nous avons vu que chaque nature d'opération provoquait constamment deux inscriptions de la même somme, l'une au débit d'un compte, l'autre au crédit d'un autre compte. C'est ce qui déjà nous est arrivé lorsque nous avons considéré les écritures du commerce au *comptant*. Ce sont donc encore des écritures doubles, autrement dit, ce sont encore (34) des comptes en parties doubles qu'a tenus notre négociant après l'intervention du crédit dans le commerce. Donc il peut former une balance générale (29), établir une situation (30 et 31), enfin, procéder à une coupure d'exercice (33), comme on l'a vu en traitant du commerce au comptant.

Les comptes courans des correspondans ne sont que des auxiliaires des comptes de caisse.

49. Qu'une opération de commerce se fasse au *comptant* ou à crédit, il faut toujours que le compte de marchandises soit débité de la valeur de tous les achats, ainsi que du montant de toutes les dépenses sans exception, qui chargent la marchandise et qui doivent être comprises dans la composition du prix vénal, comme il doit être crédité de tous les produits; ainsi rien de changé, sous le régime du crédit, en ce qui concerne les écritures à passer au compte de marchandises; mais il n'en est pas ainsi de la deuxième écriture, qui doit être passée au débit ou au crédit d'un autre compte, pour correspondre au crédit ou au débit du compte de marchandises.

Si les achats se fussent faits au comptant, on aurait (23) crédité la caisse; et nous avons vu (45) qu'en opérant à crédit, c'étaient les comptes des correspondans vendeurs qu'il fallait créditer. Lorsque ensuite le moment du paiement arrive, le négociant acheteur débite son correspondant et crédite la caisse, c'est-à-dire qu'il passe au compte de caisse l'écriture qu'il y aurait passée au moment de l'achat, s'il eût opéré au comptant, et le compte du correspondant se trouve entièrement annulé, en ce qui concerne cet achat, puisqu'il est débité et crédité de la même somme.

On sent que le même raisonnement est applicable aux ventes à crédit, en substituant les mots de *vente*, de *crédit* et de *créditer*, à ceux d'*achats*, de *débit* et de *débiter*.

Les comptes des correspondans ne sont donc que des comptes provisoires servant d'intermédiaires entre le compte de marchandises et le compte de caisse, et qui disparaissent ou deviennent nuls lorsque le moment de passer les écritures au compte de caisse, c'est-à-dire le moment du paiement, est arrivé; ce ne sont en un mot que des *auxiliaires* momentanés du compte de caisse; cela est si vrai que lorsque tous les achats ou ventes à crédit seront soldés de part et d'autre, et que toutes les écritures relatives à ces liquidations seront passées entre les comptes courans et le compte de caisse, il ne restera que les trois comptes fondamentaux de capital, de caisse et de marchandises, qui présentent des soldes ou différences, au débit ou au crédit; c'est-à-dire que les choses seront ramenées à l'état où elles seraient si tout le commerce s'était fait au comptant.

En effet, c'est parce que notre négociant a acheté à *crédit*, qu'il a encore dans sa caisse des fonds qui devraient être dans la caisse de son vendeur, qui dès lors a pour ainsi dire chez ce premier une caisse représentée par son compte courant.

C'est aussi parce que le négociant a vendu à *crédit*, que des sommes qui devraient être dans sa caisse sont dans celle de son correspondant, chez lequel il a, pour ainsi dire, une caisse représentée sur ses livres par le compte courant de ce correspondant.

Ces comptes courans sont donc groupés autour du compte de caisse, comme divers compartimens d'une caisse pourraient l'être autour de la caisse principale.

Cette dernière observation trouvera son application plus tard, mais nous avons cru devoir la présenter au moment de la création des comptes courans des correspondans.

TROISIÈME SECTION.

APPLICATIONS.

Modèles de journal et des comptes divers.

50. Nous n'avons, au fond, aucune nouvelle application à faire, en ce qui concerne les *trois comptes principaux de capital, de caisse et de marchandises,* qui subsistent toujours et ont entre eux, pour les opérations *au comptant*, les mêmes rapports que nous avons reconnus (23 et 24). Mais, d'une part, depuis l'intervention du crédit dans le commerce, sans changer d'objet, ils entrent aussi en rapport avec les comptes courans des correspondans; et, d'autre part, depuis l'institution (47) du journal par ordre de dates et de numéros, ils doivent recevoir des modifications dans leur forme, devenir beaucoup plus succincts, et contenir cependant quelques renseignemens qui n'y étaient pas compris.

Sans doute, pour atteindre ce but, il faut de nouveaux modèles; cependant, comme tout ce que nous avons à proposer pour la période du commerce à *crédit* doit subsister au fond et dans la forme, dans la période suivante, qui n'exige que la création de deux nouveaux comptes, et que nous nous répéterions nécessairement si nous présentions des tableaux complets pour les deux périodes successives, nous nous bornons à en établir pour la dernière, parce qu'on y trouvera tout ce qui se rapporte à celle du commerce à *crédit.*

Nous allons en conséquence passer à l'exposition des motifs qui déterminent la forme définitive du journal et celle des comptes divers.

Forme du journal. (*Voir* le modèle sous le nº IV des Tableaux accessoires.)

51. 1º Nous ne porterons pas la date en ligne, comme nous l'avons fait aux tableaux accessoires I, II et III, parce que, comme nous avons d'autres indications qui ne peuvent trouver place ailleurs, il faut ménager l'espace. Cette date est donc portée en tête de chaque article, comme on le voit au modèle IV.

2º On indique le compte qui *doit* ou qui sera *débité,* et celui à qui *il est dû* ou qui sera *crédité.* La formule usitée est précise et ne demande pas d'explication.

3º A gauche de l'indication des comptes, on ouvre deux petites colonnes, la première pour recevoir les numéros d'inscription, et la deuxième pour recevoir les folios du grand-livre, auxquels se trouvent les comptes qui doivent être débités et crédités.

Au moyen des précautions indiquées par les deux paragraphes précédens, il est toujours facile de se reporter du journal au livre des comptes, que l'on appelle *grand-livre*, et même à l'article dont on s'occupe.

4° A droite, on ouvre une colonne pour recevoir les sommes faisant l'objet des écritures.

5° Et enfin, on libelle l'écriture dans l'espace libre entre la colonne indicative des comptes et celle des sommes.

Quant à présent, nous supposons qu'aucune écriture ne concerne plus de deux comptes, et cela pourrait toujours être ainsi, si on le voulait; mais il est souvent plus expéditif et plus convenable de passer des écritures qui embrassent plusieurs comptes, et nous traiterons cet objet plus tard. Nous ne nous occupons dans ce moment que de reconnaître les principes fondamentaux de la tenue des livres, et c'est sur des opérations simples qu'on y parvient plus facilement.

Forme des comptes du grand-livre.

52. En ce qui concerne la forme des comptes, il suffirait de présenter un seul modèle, car tous les comptes sans exception, autrement dit tous les folios du *grand-livre*, doivent présenter la même distribution; mais comme, en donnant des exemples de rédaction d'écritures, nous voulons arriver à une balance et à une clôture d'exercice, nous avons dû ouvrir, outre les trois comptes primitifs de capital, de caisse et de marchandises, que l'on voit sous les numéros V, VI et XI, un compte courant de débiteur et un compte courant de créancier, sous les numéros IX et X, lesquels représentent tous ceux qu'il est possible d'imaginer sous le régime du commerce à *crédit*.

1° On inscrit d'abord en tête l'objet du compte, ou le nom du correspondant, s'il s'agit d'un compte courant.

2° On distingue ordinairement le côté du débit par le mot *doit*, inscrit au haut de la page, à gauche; et le côté du crédit par le mot *avoir*, inscrit au haut de la page, à droite. Nous aimons mieux y substituer les mots *débit* et *crédit*. Le mot *avoir* voulant exprimer ce qu'on *possède*, ne pourrait s'appliquer rigoureusement qu'au compte de capital (21). Les mots *débit* et *crédit*, au contraire, conviennent d'abord à tous les comptes courans, qui sont ordinairement les plus nombreux sur un *grand-livre*; et si l'on veut se rappeler les remarques que nous avons faites (27) sur l'objet et les fonctions des trois comptes fondamentaux de *capital*, de *caisse* et de *marchandises*, on reconnaîtra que les mots *débit* et *crédit* ne leur sont pas moins applicables.

Du reste, dans presque toutes les professions il y a des usages convenus, des expressions consacrées, auxquelles on peut toujours sans inconvénient, et on doit même souvent se conformer. Ainsi, quoique nous donnions la préférence aux mots *débit* et *crédit*, nous n'élevons pas d'objections contre l'emploi plus usité des mots *doit* et *avoir*, qui sont admis comme les équivalens de ces premiers.

3° On ouvre à gauche de chacune des deux pages qu'embrasse chaque compte, deux colonnes, la première pour recevoir la date, et la deuxième pour recevoir le numéro de l'inscription au journal.

4° La colonne immédiatement suivante à droite est destinée à indiquer le compte qui doit être *crédité*, s'il s'agit d'un article de *débit*, et *vice versâ*. *On doit à.......... on est crédité par..............* ce sont les formules usitées et qui remplissent bien leur objet.

5° On ouvre à droite des mêmes pages les colonnes où doivent être inscrites les sommes, mais on ménage l'espace nécessaire pour inscrire en arrière des sommes, dans une petite colonne *ad hoc*, le folio du grand-livre où se trouve l'autre compte auquel se rapporte l'écriture. C'est ce qui s'appelle *le folio de renvoi*, parce qu'il donne la facilité de se reporter d'un des deux comptes à l'autre, ce dont on a souvent besoin.

6° Et enfin, on libelle sommairement l'article dans l'espace libre entre l'indication du compte où se porte la double écriture, et la somme, de manière que le tout se renferme dans une seule ligne.

Si cette description laisse quelque chose à désirer, l'inspection des comptes fera le reste.

Au surplus, les formes, formules et distributions que nous proposons, ne sont pas tellement de rigueur, qu'elles ne puissent être modifiées par chaque négociant, pourvu que celles qu'il adopte soient équivalentes.

Renvoi à la troisième section de la quatrième partie, pour les exemples des écritures, de balance, de situation générale, et de coupure d'exercice.

53. Ce serait ici le moment de donner des exemples de la manière dont on doit passer les écritures, former une balance générale, établir une situation pour en faire ressortir la perte ou le bénéfice de la gestion, enfin procéder au passage d'un exercice à un autre; mais c'est précisément pour ces opérations que nous renvoyons (50) à la troisième section de la quatrième partie, parce qu'on y trouvera tout ce qui concerne la troisième partie, en même temps que ce qui se rapporte à la quatrième.

QUATRIÈME PARTIE.

DE LA COMPTABILITÉ

APRÈS L'INTERVENTION DE LA MONNAIE FICTIVE DANS LE COMMERCE.

PREMIÈRE SECTION.

DES NOUVEAUX COMPTES A OUVRIR PAR SUITE DE L'INTERVENTION DE LA MONNAIE FICTIVE DANS LE COMMERCE.

Motifs qui ont fait désirer la création d'une monnaie fictive.

54. Les négocians qui se faisaient des crédits purs et simples, comme on l'a supposé dans la troisième partie, y trouvaient des facilités sous le rapport des paiemens qu'ils avaient à faire; mais, d'un autre côté, ils éprouvaient un désavantage, en ce qu'ils étaient privés des produits de leurs ventes pendant plus ou moins de temps, selon que les paiemens étaient plus ou moins retardés.

Pour conserver les avantages que le crédit procurait d'une part, et détruire les inconvéniens qui en résultaient d'autre part, le besoin les amena à créer une *monnaie fictive* pour représenter le prix des marchandises achetées ou vendues à crédit, et qui devaient être payées à terme convenu.

1re espèce de monnaie fictive. *Billets simples.*

55. Cette *monnaie fictive* fut d'abord un engagement souscrit par l'acheteur envers son vendeur, de lui payer à échéance fixe, une somme déterminée. Cette obligation, qui se contracte sur une feuille isolée, prit le nom de *billet*.

Le vendeur obtenait ainsi un signe représentatif de la *monnaie réelle* qu'il aurait reçue s'il avait fait la vente *au comptant:* comme, dans cette dernière hypothèse, l'argent eût été le signe représentatif de la marchandise (4 et 9); et il pouvait disposer de cette valeur à sa volonté, en substituant un tiers à ses droits.

…e espèce de monnaie fictive. Billets à ordre.

56. Mais les négocians, pour assimiler encore plus complètement cette *monnaie fictive* à la *monnaie réelle*, ont cherché les moyens d'en faciliter la transmission, et même de lui imprimer de nouveaux titres à la confiance, au fur et à mesure qu'elle circulait de main en main. Ils ont donc inséré d'abord dans le corps du *billet* une expression indicative de la faculté de transmettre concédée par le *souscripteur*, et il a été convenu 1° que, du moment où le créancier, c'est-à-dire le vendeur, acceptait un *billet contenant cette expression*, il ne pouvait user de cette faculté de transmettre, sans engager sa responsabilité cumulativement avec celle du premier signataire, à moins qu'il n'y eût restriction formelle pour le dispenser de la garantie; 2° que si le deuxième possesseur transmettait à un troisième, il était également garant du paiement, au défaut du *créateur* ou *souscripteur* de l'effet, et du premier possesseur ou endosseur, et ainsi de suite jusqu'au dernier propriétaire ou *porteur* qui se présente pour recevoir à l'échéance.

Le billet souscrit avec ces conditions est donc ainsi conçu :

A *telle époque*, je paierai à monsieur. . . . . ou *à son ordre*, la somme de.. . . . . valeur reçue (en argent, ou en marchandises, ou en compte). . . . . (Suivent la date et la signature.)

Ce sont ces mots, *à son ordre*, qui sont *sacramentels*, et qui caractérisent la nature de l'effet.

La transmission se fait ensuite avec la formule suivante :

Payez à *l'ordre* de monsieur. . . . . valeur reçue. . . . . (le reste comme ci-dessus).

Quoique le propriétaire d'un billet simple ait le droit de le transmettre à qui lui plaît (58), il y a cependant, d'après la jurisprudence commerciale, cette différence essentielle entre un *billet simple* et un *billet à ordre*, que pour que le transfert du billet simple emporte avec lui la responsabilité du possesseur qui se dessaisit, il faut que cette charge soit formellement exprimée; tandis qu'au contraire, il faut que la *non-garantie* soit expressément insérée dans la formule de transmission du billet à ordre, pour que la responsabilité de l'*endosseur* ne soit pas engagée.

Enfin le dernier possesseur ou *porteur* à l'échéance du billet, se présente au souscripteur pour en recevoir le montant en argent.

…e espèce de monnaie fictive ou de confiance.

57. Un acheteur ou débiteur en compte courant peut encore, au lieu de souscrire un *billet à ordre*, donner à son créancier la faculté de fournir sur lui un mandat par lequel ce dernier prie son débiteur de payer *à lui* ou *à son*

ordre, à l'époque convenue, la somme de......., valeur....(comme pour les billets à ordre)..... *Traites et acceptations.*

Nota. Les effets de cette nature ne sont autorisés que lorsque les deux parties intéressées n'habitent pas la même ville.

Cet effet prend dès lors le nom de *traite*, par rapport au créateur ou *tireur*, et peut, comme les billets à ordre, se transmettre de main en main par voie d'*endossement*. Lorsqu'il parvient dans la ville où réside le débiteur sur lequel on a tiré, le *porteur* s'empresse de le présenter à celui-ci, pour qu'il contracte sur la *traite* même l'engagement de le payer à l'époque fixée, c'est-à-dire pour qu'il l'*accepte* conformément à sa teneur; et cette formalité remplie, l'effet prend le nom d'*acceptation*, par rapport à l'*accepteur*, dont d'ailleurs le *tireur* reste garant.

Le débiteur en compte courant peut aussi remettre à son créancier, sous la garantie de sa signature, une *traite* qu'il fournit sur un de ses propres débiteurs en compte courant, laquelle est, comme celle ci-dessus, susceptible d'être présentée à l'acceptation de celui qui doit payer.

Enfin il peut, sous sa responsabilité personnelle, autoriser un correspondant créancier à fournir, sur un correspondant débiteur, une traite que ce dernier aurait consenti à accepter.

58. Il n'entre pas dans notre sujet sans doute de faire une dissertation complète sur les *monnaies fictives* ou de *confiance*; mais comme ces monnaies fictives sont l'objet des écritures, aussi bien que la monnaie réelle, nous ne pouvions pas plus nous dispenser d'en faire connaître la nature, que d'en signaler sommairement les avantages. Voici particulièrement en quoi consistent ces derniers. *Avantages de la monnaie fictive ou confiance.*

Le mode de se libérer provisoirement avec une simple promesse de paiement à terme n'est pas moins favorable à l'acheteur qu'au vendeur. En effet, le premier ayant souscrit (55) un billet au lieu de faire un paiement effectif, peut, jusqu'à l'échéance de son obligation, appliquer à une autre opération la somme qu'il aurait déboursée s'il eût payé comptant; tandis que le vendeur, tout en accordant crédit à son acheteur, peut user de cette même obligation, comme de la monnaie qu'elle représente, en transportant à un tiers le droit d'en recevoir le montant en son lieu et place; ce deuxième possesseur peut de même transporter son droit à un troisième, et ainsi de suite jusqu'au jour fixé pour le paiement, en sorte que la somme se trouve pour ainsi dire doublée pendant la durée du terme accordé.

5

Le billet à ordre (56), et notamment la traite (57), présentent de plus l'avantage d'éviter des transports d'argent souvent difficiles et dangereux, et presque toujours onéreux. En effet, un négociant de *Marseille*, par exemple, a fait une vente à un négociant de *Paris*, et un achat à un autre négociant de la même place (ce sont des hypothèses qui se réalisent tous les jours). On est frappé de l'inconvénient qu'il y aurait pour le vendeur de Paris, à faire venir son argent de Marseille, et pour le vendeur de Marseille, à faire venir son argent de Paris; on voit déjà les deux sommes se croiser en route. Or, les deux transports sont évités si le négociant de Marseille envoie à son créancier de Paris une traite à son ordre sur son débiteur, et les trois parties intéressées sont satisfaites.

La même marche est suivie si le débiteur est à *Paris* et le créancier à *Bordeaux*, parce qu'il peut très-bien convenir à celui-ci d'envoyer à un de ses créanciers de Paris, ou même d'une autre place, un effet à toucher à Paris. Cette *traite* peut donc servir, avant d'arriver à son échéance, à faire, dans des places différentes, deux, trois, et jusqu'à dix et douze paiemens pour lesquels il aurait fallu transporter ou déplacer douze fois la somme équivalente. Ainsi c'est à très-juste titre que l'on considère les *effets* de cette nature comme une *monnaie fictive*, puisqu'ils remplissent la fonction d'une monnaie réelle, et comme une *monnaie de confiance*, puisque c'est de la confiance seule qu'ils tiennent leur valeur de convention; en effet, un négociant ne vend à crédit que parce qu'il croit fermement que son acheteur le paiera fidèlement à l'expiration du terme convenu; c'est par le même motif de confiance qu'il reçoit le *billet* ou la *traite*, qui ne sont par le fait que des promesses de paiement à l'échéance fixée, et lui-même ne peut faire usage de ces effets qu'autant qu'il trouve une autre personne qui partage sa confiance; mais il est à remarquer que plus ces effets *à ordre* ont rendu de services, plus ils sont propres à en rendre de nouveaux, puisque (56) chaque transmission ou *endossement* leur assure une nouvelle garantie, sans préjudice des précédentes.

Compte spécial pour les effets à recevoir, ou de porte-feuille. (*Voir* le modèle n° VII des Tableaux accessoires.)

59. Nous allons maintenant faire apparaître encore une fois notre négociant supposé, pour le suivre dans la marche qu'il va suivre à l'occasion des *monnaies fictives* qu'il reçoit en paiement, lorsqu'il fait des ventes, et qu'il donne, lorsqu'il fait des achats; nous nous occuperons d'abord de celles qu'il reçoit.

Nous avons vu (20) qu'il avait été naturellement amené à ouvrir à sa caisse un compte présentant le tableau de toutes les entrées et sorties des *monnaies réelles* qui y avaient été versées à tel titre que ce fût.

La première idée qui se présentera peut-être à son esprit, sera de comprendre dans le même compte les *monnaies réelles* et les *monnaies fictives* qu'il recevra en paiement, parce qu'elles représentent des valeurs également disponibles pour faire des achats et subvenir aux diverses dépenses de son commerce; mais il remarquera bientôt 1° que la *monnaie fictive* est destinée à être convertie en *monnaie réelle*, par suite du recouvrement aux échéances, et que si de primeabord il les confond toutes deux dans le même compte, rien ne constatera cette conversion sur ses livres; 2° que ces deux monnaies sont de nature bien différente, puisque l'une a sa valeur intrinsèque, et peut immédiatement être applicable à toute espèce de dépenses par fractions aussi petites qu'on peut les supposer, tandis que l'autre n'est par le fait qu'une promesse de paiement en monnaie réelle, à des époques plus ou moins éloignées, qu'elle n'a qu'une valeur de convention fondée sur la confiance, que chaque effet est indivisible, et qu'il faut un certain concours de circonstances pour permettre d'en faire usage en guise de *monnaie réelle;* 3° que lorsqu'il voudra se rendre compte par simple voie d'addition (20), de ses ressources disponibles, il lui importe beaucoup de distinguer de suite ce qu'il possède en valeurs de l'une et de l'autre espèce, et qu'il ne pourrait y parvenir que par de longs dépouillemens, si elles faisaient l'objet d'un seul et même compte; 4° et enfin qu'il n'est pas dans l'ordre de confondre la fiction avec la réalité.

Il se détermine donc à ouvrir un compte spécial pour les billets ou traites qui lui ont été données en paiement; et comme il a appelé *compte de caisse*, celui des monnaies réelles ou espèces qu'il y enfermait, il appelle par analogie *compte de porte-feuille*, celui des effets à recevoir qu'il y resserre. Mais il n'en tient pas moins pour constant que ce compte remplace le compte de caisse, par comparaison avec les ventes *au comptant*, et les comptes courans, par comparaison avec les ventes à *crédit*, puisque les effets faisant fonction de monnaie réelle, sont donnés en paiement par ceux qui auraient donné de l'argent dont la caisse eût été débité, s'ils eussent acheté au comptant, ou qui eussent été débités à leur compte courant, s'il eussent acheté simplement à crédit.

Notre négociant débite donc le compte de porte-feuille de tous les effets qu'il reçoit, comme il débiterait la caisse (20) ou les comptes courans (45), dans les circonstances indiquées tout-à-l'heure; mais en même temps il crédite le compte de marchandises (49), si ces effets sont (23) le produit immédiat d'une vente, ou le compte d'un correspondant (45), si le versement s'opère, soit en acquit d'une vente précédemment faite à crédit, soit à valoir sur des déboursés assimilés (49) aux ventes à crédit, soit enfin à titre d'avance, sauf emploi postérieur.

Les effets sortent du porte-feuille, soit pour être encaissés, c'est-à-dire convertis en *monnaie réelle* à l'échéance, soit pour être remis à un correspondant en acquit de ce qui lui est dû, soit pour une dépense à la charge de marchandises ou de capital. Il convient donc de *décharger* ou *créditer* le porte-feuille des effets qu'on en tire, par le débit de la caisse, de marchandises, de capital ou du correspondant, suivant la destination que leur donne notre négociant.

Il est presque inutile de rappeler que chaque écriture doit d'abord se consigner au journal dans la forme précédemment convenue (51).

Cette observation est applicable aux deux paragraphes suivans.

ompte pour es effets à ayer, c'est-dire, pour s billets et ceptations. Voir le modèle sous le VIII des ableaux accessoires.)

60. Passant à la monnaie fictive de la création de notre négociant, c'est-à-dire aux effets à payer et par lui souscrits au profit de ses vendeurs ou de ses créanciers en *compte courant*, ou pour acquitter des dépenses au débit de capital, il considère qu'il lui importe essentiellement de pouvoir vérifier à chaque instant quels sont les engagemens de cette nature qu'il a à remplir, ce que lui permet de faire l'ouverture d'un compte spécial dans la même forme que les précédens; il remarque de plus que si toutes ces dépenses eussent été payées en monnaie réelle, c'est-à-dire en argent, il aurait eu à créditer la caisse (23, 24 et 45), par le débit de marchandises, d'un compte courant ou de capital, suivant la nature de la dépense; que, si elles eussent été faites à crédit, il aurait eu (45) à créditer le compte du correspondant qui aurait fait les avances; que le compte à ouvrir dont il s'agit n'est lui-même qu'un véritable compte courant d'avances faites en argent ou en marchandises sur *simples promesses de paiement*, et il en conclut naturellement que puisque ce nouveau compte remplit, pour les dépenses payées de cette manière, la même fonction que le compte de caisse, pour les dépenses au comptant, ou que les comptes courans de correspondant, pour les dépenses faites simplement à crédit, il doit être crédité du montant des effets par lui créés et donnés en paiement, ainsi que des traites fournies sur lui, comme l'eussent été les comptes ci-dessus, dans les hypothèses admises.

Par ce moyen, le côté du crédit présente la masse des engagemens contractés par souscription d'effets à payer.

Quant aux écritures au débit des comptes à la charge desquels sont les dépenses, elles doivent être passées de la même manière, quel que soit le mode de paiement.

Arrive ensuite l'échéance de ces obligations qui (56) sont présentées par le dernier porteur, au souscripteur, pour que celui-ci réalise la promesse de paiement en *monnaie réelle*. Alors il faut bien, d'une part, *créditer* la caisse dans laquelle on puise pour effectuer le paiement, et d'une autre part, puisque le compte consacré aux *effets à payer* a été *crédité* au moment *de la souscription* ou *de l'acceptation*, ou sur avis *d'émission*, il faut bien le *débiter* des sommes affectées à leur extinction, comme doit l'être (33 et 46) tout compte qui provoque une sortie de caisse, de telle manière que, déduction faite du débit, l'excédant de crédit ne présente que le montant des obligations restant à acquitter.

Paiemens faits par viremens.

61. Si notre négociant s'était libéré envers un correspondant créancier (57), en l'autorisant à fournir traite sur un correspondant débiteur, on voit qu'il n'en résulte aucun nouvel engagement à remplir par lui, et que par conséquent il n'y a aucune écriture à passer au compte d'*effets à payer;* mais sa situation est changée vis-à-vis de ses deux correspondans, qui ont nécessairement chacun leur compte courant chez lui (45). L'un, en émettant sa traite, crée une valeur qui représente en ses mains et produira plus tard l'argent que notre négociant lui devait, et par conséquent il est couvert de ce qui lui était dû; et l'autre, en acceptant et en payant à l'échéance, déboursera la somme que celui-ci devait recevoir, et, par conséquent, il est libéré.

Le premier doit donc être débité à son compte courant, et le second doit être crédité, pour que ces comptes, suivant leur destination primitive, ne présentent, par la différence du débit au crédit, ou du crédit au débit, que ce qui reste dû de part ou d'autre (45).

Les opérations faisant l'objet de ce paragraphe portent le nom de viremens.

DEUXIÈME SECTION.

REMARQUES SUR LES EFFETS DE LA CRÉATION DES MONNAIES FICTIVES, EN CE QUI CONCERNE LA COMPTABILITÉ COMMERCIALE.

Les écritures provoquées par la création des comptes d'effets à recevoir et d'effets à payer, sont

62. L'intervention, dans le commerce, de la monnaie fictive ou de confiance, n'a provoqué de la part de notre négociant que l'ouverture de deux comptes nouveaux sur son grand-livre, l'un (59) pour les *effets à recevoir*, ou de *portefeuille;* l'autre (60) pour les *effets à payer*, autrement dire pour les *billets et acceptations*.

Ces comptes ont été établis dans la même forme que les précédens, encore de véritables écritures en parties doubles.

c'est-à-dire, avec une colonne de *débit* à gauche, et une de *crédit* à droite.

Après avoir étudié comme nous l'avons fait la marche de notre négociant, nous devons reconnaître qu'il n'a passé aucune écriture qui n'ait été bien motivée, et à défaut de laquelle il ne lui eût manqué un renseignement utile.

Cependant il n'a été fait aucune inscription au *débit* ou au *crédit* de l'un des deux nouveaux comptes, qu'il n'y en ait eu une autre correspondante, au *crédit* ou au *débit* de l'un des comptes précédemment ouverts; ainsi les écritures ont toujours été *doubles*, comme dans les deux périodes antérieures (28 et 48).

Il n'y a donc point d'exception au principe reconnu que toute somme portée au débit d'un compte figure au crédit d'un autre compte, et *vice versâ*.

Donc la masse des totaux au débit doit égaler celle des totaux au crédit. Donc enfin la masse des excédans au débit doit égaler celle des excédans au crédit. Donc les écritures sont réellement tenues en *parties doubles*.

En effet, dès qu'il a été admis, d'une part (27), que les trois comptes de capital, de caisse et de marchandises, pouvaient être considérés comme les comptes personnels de trois comptables chargés chacun d'une partie de l'administration des affaires du négociant, et d'autre part (59 et 60), que les comptes d'effets à payer et à recevoir n'étaient autre chose que les comptes courans des individus, qui, au lieu d'acheter et de vendre à crédit, avaient acheté et vendu contre des promesses de paiement, on ne conçoit plus une opération commerciale qui n'intéresse, en sens inverse, deux individus ayant ou devant avoir un compte chez le négociant avec lequel ils ont opéré; et dès lors, pour que ces comptes soient complets, il faut bien faire mention, en sens inverse, de chaque opération, sur les deux comptes qu'elle concerne, et par conséquent passer des écritures doubles, c'est-à-dire tenir les écritures en parties doubles.

Les comptes d'effets à recevoir et d'effets à payer ne sont, comme les comptes courans, que des auxiliaires du

63. Il a été constaté d'abord (47) que les comptes courans des correspondans n'étaient que des auxiliaires momentanés du compte de caisse; il vient d'être reconnu de plus (59) que le compte d'*effets à recevoir* tenait lieu de compte courant de créanciers, et (60) que les comptes d'*effets à payer* tenait lieu de compte courant de débiteurs. La conséquence naturelle est que les comptes d'effets à recevoir et d'effets à payer ne sont, comme les simples

comptes courans, que des auxiliaires du compte de caisse. En effet, comme les comptes courans, ils n'ont été ouverts que pour recevoir : le compte des effets à recevoir, au *débit*, et le compte des effets à payer, au *crédit*, des écritures qui auraient été passées immédiatement au *débit* et au *crédit* du compte de caisse si les opérations se fussent faites au *comptant*; et comme les comptes courans (49), ils se balancent exactement au débit et au crédit, et par conséquent ils deviennent nuls, lorsque la caisse vient à remplir la fonction qui n'a été qu'ajournée, c'est-à-dire, lorsqu'on crédite la caisse par le débit du compte d'*effets à payer*, des sommes consacrées à leur acquittement, et lorsqu'on la débite au contraire, par le crédit du compte d'*effets à recevoir*, des sommes que produit leur recouvrement. Au surplus, comment en serait-il autrement? Ne faut-il pas que les sommes absorbées par l'extinction des *effets à payer*, et dont ce compte est débité, égalent le montant même de ces effets dont (60) il a été primitivement crédité, et que les sommes produites par la réalisation des *effets à recevoir*, et dont ce compte est crédité, soient précisément égales au montant de ces mêmes effets dont (59) il a été primitivement débité? Compte de caisse.

Nous le répétons donc, les deux comptes d'*effets à recevoir*, et d'*effets à payer*, ne sont que deux nouveaux auxiliaires, deux nouveaux satellites du compte de caisse, qui, comme les comptes courans des correspondans, sont absorbés par celui-ci dans une liquidation définitive, de telle sorte que dans cette circonstance, sous le régime de la *monnaie fictive*, comme sous ceux du *commerce à crédit* et du *commerce au comptant*, c'est toujours et uniquement dans les résultats, c'est-à-dire dans les excédans au débit et au crédit des trois comptes fondamentaux *de capital*, *de caisse* et *de marchandises*, *institués* (20, 21 et 22) *pour le commerce au comptant*, qu'un négociant doit trouver sa situation. C'est un principe sur lequel nous ne saurions trop insister, parce que nous aurons souvent occasion de l'invoquer.

64. Nous avons parcouru les diverses périodes dans lesquelles le commerce s'est successivement créé de nouveaux moyens pour faciliter ses opérations. Mais ces moyens ne se sont pas succédé à l'exclusion l'un de l'autre, ils se sont seulement combinés, et on les emploie concurremment; ainsi le commerce se fait maintenant *par échange*, *au comptant*, à *crédit simple*; enfin, avec de la *monnaie fictive*. Or, comme nous avons reconnu comment un négociant voulant être en mesure à chaque instant de se rendre compte à lui-même, et de compter avec ses correspondans, par les moyens les plus rigoureux et les plus Le système de comptabilité reconnu doit être complet.

faciles, devait composer et distribuer ses écritures dans l'hypothèse des quatre modes ci-dessus, il s'ensuit que le système de comptabilité de l'être de raison dont nous avons observé la marche, doit être complet, et nous verrons plus tard qu'il l'est en effet.

TROISIÈME SECTION.

APPLICATIONS.

Modèles définitifs du journal et des comptes divers.

65. Nous avons exposé en détail (51 et 52) les motifs qui avaient déterminé la forme définitive du *journal* et celle du *grand-livre*, dont chaque folio doit présenter un cadre également applicable à tous les comptes sans exception.

Soient donc, 1° sous le N° IV des Tableaux accessoires, le modèle du journal; 2° sous les N^os V, VI et XI, les modèles des comptes de *capital*, de *caisse* et de *marchandises*, ouverts et maintenus depuis et y compris le régime du commerce au *comptant*; 3° sous les N°s VII et VIII, les modèles des deux *comptes courans* ouverts (45) sous le régime du commerce à crédit, et représentant tous ceux qu'il est possible de supposer; 4° et enfin sous les N°s IX et X, les comptes d'effets à recevoir et d'effets à payer, ouverts (59 et 60) après l'intervention, dans le commerce, de la monnaie fictive.

Nous ne rappellerons pas, comme nous l'avons fait dans le début (35), toutes les écritures dont nous nous proposons de charger ces comptes; au point où nous en sommes, et d'après toutes les explications données successivement dans les diverses parties de ce traité, il est très-suffisant de renvoyer aux comptes eux-mêmes.

Nous ferons remarquer seulement que, quoique nous voulions supposer une gestion complète, et le passage d'un exercice à un autre, nous nous bornerons à donner un exemple de chacune des applications que nous avons passées en revue sous les trois régimes du commerce au *comptant*, du commerce à *crédit* et du commerce avec l'intervention *de la monnaie fictive*.

La gestion dont nous voulons considérer les résultats, n'étant qu'une fiction, la quotité des sommes et le nombre des articles semblables sont tout-à-fait indifférens.

Un seul compte courant aurait pu servir de type pour tous les autres, puisqu'ils ont tous absolument le même objet; mais nous avons désiré en faire paraître un *débiteur*, et un autre *créancier* ou *créditeur*, suivant l'expression usitée.

Balance générale.

66. Chaque écriture convenablement passée au journal et transportée aux deux comptes du grand-livre qu'elle concerne, nous totalisons le débit et le crédit de tous les comptes, nous établissons la balance comme on l'a fait (38) pour le commerce au comptant, et nous trouvons les résultats suivans :

	MONTANT DES		EXCÉDANT DES	
	débits.	crédits.	débits.	crédits.
Capital.	2,700	76,500		73,800
Caisse	73,800	50,800	23,000	
Marchandises	105,900	65,300	40,600	
Rolland	12,500	18,800		6,300
Rousseau	35,000	18,000	17,000	
Effets à recevoir	12,000	9,000	3,000	
Effets à payer	4,000	7,500		3,500
Totaux égaux	245,900	245,900	83,600	83,600

Les totaux au débit et au crédit étant égaux, nous en concluons que les écritures sont exactes.

Lorsque la balance n'est pas rigoureuse, il existe un moyen aussi sûr que facile de reconnaître l'erreur ou les erreurs qui l'ont troublée; il consiste à comparer successivement chaque article du journal avec les deux écritures qu'il a provoquées au grand-livre, jusqu'à ce qu'on ait découvert la cause du défaut d'exactitude : c'est ce qu'on appelle *pointer*, parce qu'on marque ordinairement d'un *point au crayon*, comme signe de vérification, les articles à mesure qu'ils sont passés en revue. Le pointage est une opération fort longue, lorsqu'il faut y procéder sur une grande masse d'écritures; c'est pourquoi toute maison bien ordonnée doit établir sa balance à de courts intervalles, de mois en mois, par exemple.

C'est d'ailleurs cette balance préalable qui peut seule inspirer confiance dans la situation à établir pour faire ressortir les bénéfices ou les pertes d'un exercice.

Calculs des bénéfices ou des pertes de la période à la fin de laquelle les

67. L'usage d'acheter ou de vendre à *crédit* ou contre de la *monnaie fictive*, n'a changé, ni la nature du commerce, ni celle des comptes fondamentaux de caisse, de capital et de marchandises.

Nous avons reconnu (32) que la caisse ne pouvait causer ni perte ni bénéfice; nous avons vu de plus que les comptes courans des correspondans (49), et les

Comptes sont arrêtés.

comptes d'effets à recevoir et d'effets à payer (63), étaient des auxiliaires momentanés du compte de caisse, dans lequel, en définitive, ils venaient se fondre, de telle sorte qu'en fin de liquidation, ils disparaissaient tous pour faire uniquement place à ce dernier. C'est donc, comme sous le régime du commerce au comptant (39), exclusivement le compte de marchandises qui doit faire ressortir les pertes ou les bénéfices de la période terminée.

Cette dernière proposition est vraie, même dans le cas où un acheteur à crédit ne paie pas le négociant ; car alors il faut considérer cette perte comme une charge du commerce; et dès que le recouvrement est reconnu impossible, on doit balancer le compte courant en le déchargeant, c'est-à-dire en le créditant de la somme perdue, et en en débitant le compte de marchandises.

Or, la comparaison des totaux au débit et au crédit du compte de marchandises au 31 décembre, donne au débit un excédant de . . . . 40,600 fr.

Nous portons au crédit, par le débit de capital, comme nous l'avons fait, et par les motifs exposés ci-dessus (38), la valeur d'inventaire des marchandises non vendues au 31 décembre, que nous supposons de. 52,000

Reste en excédant du crédit sur le débit, autrement dit pour excédant des produits réalisés et présumés, sur le prix coûtant des marchandises en principal et accessoires, enfin, pour bénéfice du commerce dans le cours de la période expirée. 11,400

La comparaison primitive des totaux au débit et au crédit aurait pù donner un excédant au crédit, c'est-à-dire qu'il y aurait déjà eu bénéfice réalisé, indépendamment de la valeur des marchandises non vendues; alors il aurait fallu additionner les deux sommes pour avoir le total du bénéfice, au lieu de l'obtenir par voie de soustraction comme ci-dessus.

Supposons donc un excédant de crédit de . . . . 3,000 fr.
Soit, la valeur des marchandises non vendues 15,000
Total du bénéfice dans cette hypothèse 18,000

Accroissement ou diminution du capital.

68. Nous venons de porter au crédit du capital la valeur des marchandises inventoriées et non vendues, ci . . . . 52,000 fr.

Rappelons-nous maintenant 1° que les comptes courans des correspondans (49) et les comptes d'effets à recevoir et à payer (63), ne sont que des auxiliaires du compte de caisse, et que, réunis à ce

A reporter 52,000

Report de l'autre part . . . . 52,000 fr.

dernier, ils ne remplissent, sous le régime du crédit et de la monnaie fictive, que la fonction du compte unique de caisse sous le régime du commerce *au comptant*.

Rappelons-nous 2° que sous le régime du commerce *au comptant* (40), et pour motifs exposés (33), nous avons balancé le compte de caisse, en le créditant, par le débit de capital, des fonds disponibles à la fin de la période, c'est-à-dire de l'excédant du débit sur le crédit.

Nous en conclurons qu'en suivant le même système d'écritures, le débit de capital doit s'accroître de la somme dont la masse des débits du compte de caisse et de ses auxiliaires surpasse la masse des crédits; or, ce résultat s'obtiendra naturellement en créditant tous les débiteurs, par le débit, et en débitant tous les créanciers, par le crédit de capital, c'est-à-dire en supposant que le compte *ou comptable du capital* (27) reçoit tous les soldes des débiteurs et paie tous les soldes des créanciers.

Nous ajoutons donc au débit de capital,

1° Pour excédant au débit de caisse . .	23,000		(a)
2° Pour excédant au débit de Rousseau . .	17,000	. . . .	43,000
3° Pour excédant au débit d'effets à recevoir.	3,000		

A reporter 95,000

(a) La masse des excédans au débit du compte de caisse et de ses auxiliaires est de 43,000 fr.
Celle des excédans au crédit, de. 9,800

Différence en plus au débit. 33,200

Voyons maintenant ce qui serait arrivé si tous les débiteurs s'étaient acquittés, et si les créanciers avaient été payés en argent.

La caisse a un excédant au débit, de. . . .			23,000 fr.
Elle aurait reçu	des effets de porte-feuille.	3,000	20,000
	des débiteurs en compte courant	17,000	
	Total des fonds réalisés.		43,000
Elle aurait payé	aux effets et billets	3,500	9,800
	aux créanciers en compte courant.	6,300	
	Restant effectif		33,200

Report d'autre part		95,000 fr.
Débit primitif suivant la balance (66).		2,700
Total général du débit		97,700
Crédit primitif, suivant la balance (66) .	6,500	86,300
Nous ajoutons 1° pour excédant au crédit de Rolland . . . . . 6,300 2° Pour excédant au crédit d'effets à payer 3,500	9,800	
Excédant définitif du débit sur le crédit, c'est-à-dire, accroissement de capital égal au bénéfice.		11,400
Le capital primitif, suivant la balance (66), était réduit à. . .		73,800
Total du capital disponible au 31 décembre, et applicable au nouvel exercice		85,200

Le compte de caisse et ses auxiliaires étant exactement balancés par l'opération précédente, il ne reste de comptes non balancés, que ceux de capital et de marchandises; mais dès lors l'excédant au débit du compte de capital doit égaler, comme il égale réellement l'excédant au crédit du compte de marchandises (67), et cet excédant est un accroissement de capital pour la période suivante.

En supposant le même bénéfice que dessus, il aurait pu arriver que le total des crédits du compte de caisse et de ses auxiliaires dépassât le total des débits, c'est-à-dire qu'il fût dû à certains correspondans et aux effets à payer, des sommes plus fortes que celles existant en *caisse* et en *porte-feuille*, ou dues par d'autres correspondans : un pareil résultat ne pourrait provenir que de ce qu'on aurait converti en nouvelles marchandises les produits des ventes antérieures, et il y aurait d'autant plus de marchandises en magasin, que le compte de caisse et ses auxiliaires présenteraient moins de ressources disponibles.

Prévoyant maintenant l'hypothèse de perte, admettons que la balance primitive donnant toujours (66) un excédant au débit du compte de marchandises,

---

c'est-à-dire précisément le même excédant que lorsque nous comparions tout-à-l'heure les excédans au débit et au crédit de l'ensemble de ces comptes.

Donc, encore une fois, tous ces comptes réunis ne remplissent que la fonction du compte unique de caisse sous le régime du commerce au comptant.

de . . . . 40,600 fr.

Il n'y ait à porter au crédit pour valeur des marchandises non vendues, que 36,000

Il resterait un excédant de débit de 4,600

C'est-à-dire qu'il y aurait perte de cette somme, puisqu'il s'en faudrait de ce même excédant, que les produits réalisés ou présumés n'égalassent le débit, c'est-à-dire le montant du prix coûtant des marchandises en principal et accessoires.

D'un autre côté, le compte de capital aurait été, comme dans l'hypothèse de bénéfice, débité des soldes au débit des comptes de caisse, de porte-feuille, et du compte courant débiteur, ensemble. . . . . 43,000 fr.

Rappel de la valeur des marchandises non vendues 36,000

Rappel du débit antérieur suivant la balance (66) 2,700

Total général du débit 81,700

Le crédit primitif, suivant la balance, est toujours de	76,500	86,300
A ajouter pour les soldes au crédit du compte courant créancier et de celui d'effets à payer	9,800	

Excédant de crédit égal à la perte 4,600

Et cet excédant de crédit n'est autre chose qu'une diminution de capital, puisqu'il résulte de ce que le compte ou comptable du capital a plus payé aux créanciers, qu'il n'a reçu, soit en marchandises, soit en valeurs de caisse, de porte-feuille ou de comptes courans.

Or, le capital primitif, suivant la balance (66), était réduit à . 73,800 fr.

A déduire pour la perte de l'exercice 4,600

Reste dans cette hypothèse, en capital disponible pour le nouvel exercice. 69,200

69. Avant de procéder à la clôture des comptes, il n'est pas inutile de revenir sur une remarque que nous avons déjà faite, mais qui devient plus frappante dans l'application ; c'est que, des trois comptes fondamentaux de capital, de caisse et de marchandises (nous faisons toujours une seule masse de la caisse et de ses auxiliaires), celui de caisse n'est qu'un intermédiaire entre le premier et le dernier, qu'il disparaît entièrement, comme on vient de le voir,

Dernière re-marque sur les fonctions des trois comptes fondamentaux de capital, de caisse et de marchandises. lorsqu'on veut faire ressortir les résultats de la gestion, et que c'est dans les deux seuls comptes de capital et de marchandises que se trouvent ces résultats, sur lesquels le compte de caisse n'exerce aucune influence. Cela est si vrai, que nous avons passé de l'hypothèse de bénéfice à celle de perte, sans que les excédans au débit ou au crédit du compte de caisse et de ses auxiliaires aient subi la moindre variation.

Clôture des comptes et passage au nouvel exercice. 70. Nous en sommes maintenant à l'hypothèse (33 et 41) où le compte ou comptable du capital rembourserait au compte ou comptable des marchandises, le bénéfice que celles-ci ont produit dans la période écoulée, et serait par conséquent crédité par le débit du second, de l'accroissement de capital qu'ont fait paraître (68) les écritures précédentes.

Par ce moyen, les deux comptes dont il s'agit seront définitivement clos, comme on le voit aux modèles V et XI des Tableaux accessoires.

Les comptes de caisse et de ses auxiliaires l'ont été précédemment (68); ainsi les écritures relatives à la période sont invariablement terminées.

Il ne nous reste donc qu'à ouvrir les comptes du nouvel exercice d'une manière analogue à celle suivie (41) sous le régime du commerce au comptant.

Le nouveau capital se compose évidemment de tout ce qui existait à la fin de la période en marchandises, en argent, en effets de porte-feuille et en créances sur les comptes courans débiteurs, mais sous la déduction de ce qui était dû à la même époque, aux effets à payer et aux comptes courans créanciers.

Il faut donc opérer maintenant comme si le compte ou comptable de capital rendait les sommes ou valeurs qu'il a reçues des débiteurs, ou recouvrait les sommes qu'il a payées aux créanciers, lorsque nous avons voulu reconnaître (68) la véritable position du négociant par rapport à son capital.

Ainsi nous allons, sur les comptes du nouvel exercice, créditer le compte de capital, par le débit des comptes ci-dessus indiqués,

1° De la valeur des marchandises inventoriées à la fin de la période précédente	52,000	95,000 fr.
2° Du solde en caisse	23,000	
3° Du montant des effets en porte-feuille.	3,000	
4° Du solde dû par Rousseau. . . .	17,000	

Mais, par contre, nous allons débiter ce même compte de capital par le crédit des comptes ci-après :

A reporter. 95,000

Report d'autre part . . . . 95,000 fr.

1° Du solde dû à Rolland	6,300	9,800
2° Du restant dû aux effets à payer . .	3,500	

Différence égale au capital effectif applicable au nouvel exercice (68) 85,200

Quoique nous jugions fort inutile de donner le modèle du journal du nouvel exercice, nous n'en supposons pas moins l'existence en ouvrant les nouveaux comptes.

Dans l'hypothèse de perte prévue (68), le compte de marchandises aurait un excédant de débit de 4,600 fr., la clôture s'en ferait comme si le compte ou comptable de marchandises payait cette somme au compte ou comptable de capital, qui par conséquent en serait débité par le crédit du premier, et l'on procéderait à l'ouverture des nouveaux comptes absolument comme ci-dessus, avec cette seule différence qu'il n'y aurait à porter au crédit de capital et au débit de marchandises, pour raison des objets non vendus à la fin de la période, que . . . . 36,000 fr.

Au lieu de. 52,000
portés dans l'hypothèse du bénéfice.

Différence. 16,000

Dans cette première hypothèse, le capital disponible pour le nouvel exercice était de. 85,200

Il se trouverait donc réduit dans la deuxième à. 69,200
comme on l'a vu (68).

71. On ne peut procéder, comme nous venons de le faire, à la clôture des comptes d'un exercice et à l'ouverture de ceux de l'exercice suivant, sans faire ce qu'on appelle son inventaire ou son bilan. Cette opération est de la plus grande utilité; elle fournit l'occasion de reconnaître quelles sont les sources des bénéfices, les causes des pertes ou des dépenses; elle porte nécessairement à examiner si on ne peut pas multiplier ou rendre plus fécondes les premières, et réduire ou éviter les dernières; à proportionner les dépenses personnelles à l'importance des bénéfices, à peser la valeur des correspondans, à rompre avec ceux qui ne sont pas exacts, à rechercher les relations avec ceux sur lesquels on peut compter, etc., etc., en un mot à analyser toute la gestion antérieure pour en déduire des améliorations et des règles de conduite pour l'avenir.

De l'util des inve taires pér diques.

Mais, dira-t-on, pour les maisons qui ont des relations nombreuses, qui opérent au loin, qui embrassent plus d'un genre de commerce, un pareil inventaire est un travail de longue haleine, et il faut pour beaucoup d'objets se contenter d'aperçus et d'évaluations.

Hé bien! faites des aperçus, faites des évaluations, mais établissez votre inventaire. Plus le travail sera long, plus vos affaires seront compliquées et multipliées, plus les inventaires périodiques sont indispensables. Nous avons connu des maisons puissantes qui se sont écroulées parce qu'elles ne voulaient ou ne savaient pas se rendre compte à elles-mêmes. Malheur donc, oui, nous ne saurions trop le répéter, malheur aux maisons de commerce qui ne font pas d'inventaires périodiques!

QUATRIÈME SECTION.

DÉVELOPPEMENS DIVERS ET DISPOSITIONS D'ORDRE ACCESSOIRES A LA THÉORIE.

Nécessité d'ajouter des développemens et des détails aux démonstrations précédentes.

72. Notre tâche principale est remplie, puisqu'en prenant le commerce, proprement dit, depuis son origine jusqu'à ce qu'il se soit créé tous les moyens qu'il a cru pouvoir imaginer pour faciliter et multiplier ses opérations et ses relations, nous avons suivi les progrès qu'avait dû faire la comptabilité depuis son enfance, jusqu'à ce qu'elle ait adopté des formes tellement régulières et complètes, qu'elles puissent satisfaire l'esprit d'ordre le plus exigeant. Mais, pour rendre notre marche plus rapide et nos observations plus lucides, nous avons réduit les exemples au nombre strictement nécessaire et à la plus grande simplicité, et il nous reste à ajouter des développemens et des détails qui formeront le complément de la théorie.

Indication générale des dépenses et des produits à porter au débit et au crédit de marchandises.

73. En donnant (37), pour le régime du commerce au comptant et (48) pour le régime du commerce à crédit, des exemples des écritures à passer pour les frais et dépenses accessoires au prix principal des marchandises, nous n'avons pas prétendu, plus que nous ne prétendons maintenant, prévoir toutes celles que peut avoir à payer un négociant; il suffit qu'une dépense devienne une charge du commerce, pour que le montant en soit porté au débit de marchandises, puisqu'elle doit nécessairement faire partie de la valeur vénale, puisque ce n'est qu'en accroissant proportionnellement le prix de vente, que le négociant peut en être couvert; la raison inverse doit faire porter au crédit de

marchandises toute recette faite ou à faire, et venant en déduction des charges ou en accroissement des produits du commerce. A la rigueur, cette indication générale devrait suffire; cependant il est certaines causes de dépenses ou de produits que nous croyons devoir signaler particulièrement.

74. 1° Un négociant ayant besoin d'argent comptant pour paiement de marchandises ou acquittement de ses effets à payer, et n'en ayant pas suffisamment dans sa caisse, s'occupe d'échanger de la monnaie fictive, c'est-à-dire des *effets de son porte-feuille* non échus, contre de l'argent, ou, en d'autres termes, de faire une *négociation* d'effets de porte-feuille; mais il ne peut espérer de faire cette négociation gratuitement, et il est obligé de faire à son *preneur* une bonification ou remise proportionnée à l'importance de la somme et à l'éloignement des échéances des effets à recouvrer. Cette bonification se règle ordinairement à raison de *tant pour %*, c'est-à-dire de ½, ¼, ou ⅙ pour %, par mois, et porte le nom d'*escompte*. Cet escompte est nécessairement une charge du commerce ou des marchandises, puisque c'est pour faire face aux engagemens du commerce, qu'on en fait le sacrifice. Il est donc porté au débit de marchandises et au crédit de caisse ou de porte-feuille, suivant que l'escompte est payé de la main à la main, ou, suivant l'usage plus général, par déduction sur le montant des effets négociés. Des escomptes.

2° Une autre fois le même négociant ayant de l'argent surabondamment dans sa caisse, en échangera une portion contre de la monnaie fictive, mais à condition de jouir d'une bonification proportionnée à l'éloignement des échéances, bonification qui devient un produit du commerce, et doit être portée au crédit de marchandises et au débit de caisse ou de porte-feuille, suivant qu'il y a lieu.

3° Le même négociant a vendu une marchandise à prix convenu, moyennant six mois de crédit; mais son acheteur devance le terme et réclame en conséquence un escompte calculé comme pour les négociations. Le compte de marchandises ayant été crédité de la totalité du prix de vente, par le débit du compte courant de l'acheteur, doit être débité, par le crédit de ce dernier, du sacrifice fait pour compenser l'anticipation de paiement.

4° C'est précisément l'inverse dans le cas où le négociant achète à crédit et ne profite pas du délai convenu pour le paiement.

Le taux de ces escomptes est ordinairement réglé au moment même de la transaction, et on le déduit de suite sur le prix de l'achat ou de la vente; on ne porte alors que le net au débit ou au crédit de marchandises, et il n'y a pas d'écriture pour l'escompte.

Des courtages, commissions et assurances.

75. Les négocians emploient souvent des agens extérieurs (les agens de change et les courtiers) pour faire leurs négociations d'effets de porte-feuille, ou leurs achats et ventes de marchandises. Ces agens ont droit, pour leurs peines et soins, à une rétribution portant le nom de *courtage*, qui est également une charge du commerce, et doit, à ce titre, figurer au débit de marchandises et au crédit du compte qui en fait la dépense.

Il en est de même d'une autre rétribution portant le nom de *commission*, payée par un négociant à un correspondant par l'entremise duquel il fait acheter ou vendre des marchandises, sur une autre place que celle de sa résidence.

Même marche enfin pour les *primes d'assurances* payées aux particuliers ou compagnies qui garantissent les marchandises des risques d'incendie, de mer, de guerre, etc.

Perte par le fait d'un débiteur insolvable.

76. Il arrive quelquefois que le souscripteur d'un effet à terme ou un créancier en compte courant devient insolvable; c'est même un inconvénient du commerce à crédit, car on n'est pas exposé à de semblables pertes sous le régime du commerce au comptant; mais comme cet inconvénient est compensé par de grands avantages, et qu'avec de la prudence et de la surveillance on s'y soustrait ordinairement en majeure partie, c'est un motif, non pas pour refuser tout crédit, mais pour ne l'accorder qu'avec discernement.

Dans le cas prévu ci-dessus, il est inutile de laisser un compte chargé d'une somme qu'il ne reproduira jamais, et dès lors on crédite le compte d'effets à recevoir, ou le compte du correspondant, suivant l'origine de la perte, et on débite le compte de marchandises, de la somme perdue. Il s'agit ici d'une chance attachée à la condition du commerçant, et sa prévision doit la faire entrer dans la valeur vénale de ses marchandises, dans une proportion quelconque déterminée par la nature de son commerce et le plus ou moins de solidité de ses correspondans. Voilà pourquoi cette perte vient au débit des marchandises.

Nous ne prétendons pas prévoir toutes les écritures possibles; mais, d'après tous les exemples donnés, nous ne doutons pas qu'avec de l'attention et en opérant par analogie, on ne puisse les passer toutes convenablement.

Division du compte de marchandises.

77. Jusqu'à présent nous n'avons ouvert qu'un seul compte pour les marchandises, mais il convient souvent, pour ne pas dire toujours, de le subdiviser.

Si, par exemple, une maison a diverses branches de commerce bien distinctes, telles que les denrées coloniales, les grains et farines, les vins, les fers, etc., elle désirera savoir ce qu'elle gagne ou ce qu'elle perd sur chacune de ces parties, afin de se diriger ensuite d'après ce que lui conseillera l'expérience. Elle ouvrira donc un compte distinct aux diverses marchandises, suivant la classification qu'elle croit devoir en arrêter, et elle se comportera dans les écritures relatives à chacun de ces comptes, comme nous avons remarqué qu'il fallait le faire pour le compte unique de marchandises.

Compte de frais généraux.

78. En divisant ainsi le compte de marchandises, on est dans l'obligation de rapporter à chacune des branches de commerce, et par conséquent à chacun des comptes y relatifs, toutes les dépenses accessoires qui les concernent; mais il est des dépenses dont nous avons reconnu (23) que le compte de marchandises devait être chargé, telles que les frais de bureaux, locations de magasins, d'emplacemens et de maisons, traitemens d'employés, salaires de certains ouvriers, patentes, assurances, etc., ordinairement qualifiés de *frais généraux*, qui ne se rapportent à aucune branche spéciale du commerce. Ce serait une chose fort embarrassante que de faire pour chaque dépense une répartition entre les divers comptes de marchandises; on manquerait d'ailleurs de données pour en user ainsi, car cette répartition doit nécessairement être proportionnelle avec l'importance relative de chacune de ces branches, importance que l'on ne peut connaître qu'en arrêtant à la fois tous les comptes à la fin d'une période. Enfin, il est d'un grand intérêt d'avoir constamment sous les yeux le tableau de ces frais, qui n'ont pas de limites fixes, qui sont prélevés sur la différence entre les prix d'achat et les prix de vente, et qui, si l'on ne les restreignait pas convenablement, pourraient finir par absorber les bénéfices et au-delà. On ouvre donc provisoirement aux frais généraux un compte au débit duquel on porte toutes les dépenses qui ne peuvent s'appliquer particulièrement à aucune des subdivisions du compte de marchandises; c'est en procédant en fin d'année à une situation générale, que l'on établit la proportion entre le total des frais généraux et le montant du débit de chaque compte spécial de marchandises, et qu'on annulle ce premier compte, en le créditant par le débit de chacun des comptes de marchandises, de la portion qui tombe à leur charge.

Les frais généraux peuvent eux-mêmes être subdivisés en deux ou plusieurs sections ayant chacune un compte spécial, suivant la nature des dépenses qui en font partie, les convenances et l'esprit d'ordre du négociant; et il faudrait, pour chacune de ces subdivisions, se comporter comme il vient d'être dit pour le compte unique.

Mais si d'une part il y a sous des dénominations spéciales, comme de raison, plusieurs subdivisions de frais généraux; et que, d'autre part, il y ait pareillement plusieurs subdivisions du compte de marchandises (77), il convient préalablement de balancer au crédit les comptes ouverts aux diverses classes de dépenses *générales*, par le débit d'un compte céntral de *frais généraux*, afin de n'avoir qu'une seule répartition proportionnelle à faire entre les divers comptes de marchandises.

Le compte de frais généraux n'est qu'un auxiliaire du compte ou des comptes de marchandises.

79. Nous devons faire remarquer 1° que, quelque nombreuses qu'on veuille supposer les subdivisions du compte des marchandises, elles ne remplissent que la fonction du compte unique que nous avions ouvert d'abord aux marchandises, c'est-à-dire, aux opérations commerciales; 2° que le compte de frais généraux n'est qu'un auxiliaire momentané des comptes de marchandises, dans lesquels il vient se fondre en fin d'exercice, comme les comptes courans et les comptes d'effets à recevoir et à payer viennent (49 et 63) en fin de liquidation se fondre dans le compte de caisse. Nous sommes donc toujours dans le système qui ne comporte que trois comptes fondamentaux, savoir : ceux de capital, de caisse et de marchandises; et par conséquent, en établissant une situation générale, c'est exclusivement dans le groupe des comptes tenant la place du compte unique de marchandises (99 et 67) qu'il faut chercher les résultats du commerce en perte ou en bénéfice, en comparant la masse de leurs débits avec la masse de leurs crédits accrue de la valeur estimative des marchandises non vendues et inventoriées en fin d'exercice.

Du compte de frais de maison.

80. Nous avons exposé dans l'article précédent les considérations qui militent en faveur de la création d'un compte spécial pour les frais généraux, et nous avons particulièrement insisté sur le troisième motif, nous voulons dire sur l'avantage d'avoir constamment sous les yeux le tableau de ces frais. Un négociant a le même intérêt à ne jamais perdre de vue non plus le montant des sommes successivement affectées à ses dépenses personnelles et à celles de sa famille, qui primitivement (21 et 23) ont été portées au débit du compte de capital, et que nous y avons maintenues jusqu'à présent. Il est donc utile d'ouvrir un compte spécial aux *frais de maison* du négociant, compte qui, en considérant les choses comme nous l'avons fait dans la deuxième et la troisième partie, ne serait qu'un annexe du compte de capital dans lequel il serait confondu en fin d'exercice, comme le compte de frais généraux vient se confondre dans le compte de marchandises. On créditerait donc en définitive le compte de frais de maison par le débit de capital, afin d'annuler ce premier, et d'ame-

ner les choses à l'état où elles seraient si de prime abord on eût porté ces frais au débit du compte de capital.

Ce serait la seule subdivision dont le compte de capital serait susceptible chez un négociant proprement dit, faisant exclusivement profession d'acheter et de vendre. Mais il est d'un usage constant de rattacher le compte de frais de maison aux frais généraux, et par conséquent, par voie indirecte, au compte de marchandises. En effet, il n'est pas douteux qu'un négociant et sa famille ne doivent vivre du produit de son commerce, dans une aisance proportionnée à l'importance de ses affaires et à sa position sociale; par conséquent il lui est permis de considérer ses frais de maison comme une portion des frais généraux à la charge de son commerce; mais, même dans cette hypothèse, il lui importerait, pour les causes exposées (78), d'en faire provisoirement l'objet d'un compte distinct qui, en fin d'exercice, viendrait, comme celui de frais généraux proprement dits, se fondre dans le compte ou les comptes de marchandises.

Au surplus la chose est au fond fort indifférente, et dépend uniquement de la manière dont le négociant envisage sa position personnelle; car si les frais de maison rentrent au débit de capital, le solde au crédit en paraît d'autant moindre, et le bénéfice du compte de marchandises s'accroît d'autant; et s'il rentre au contraire dans le compte de marchandises, le bénéfice diminuera de la même somme dont le solde au crédit de capital s'accroîtra; or, comme le capital d'un nouvel exercice ne se compose (41 et 68) que du solde au crédit du compte de capital accru du bénéfice de l'exercice écoulé, on voit que le résultat définitif est absolument le même.

Cependant, pour nous conformer à l'usage, nous considérerons le compte de *frais de maison* comme une des subdivisions de frais généraux, et par conséquent le compte de capital reste unique dans son espèce et non susceptible de division.

81. Dans tout ce qui précède, nous n'avons considéré que le négociant proprement dit, faisant exclusivement profession d'acheter et de vendre des marchandises; mais il est rare que les grandes maisons n'y joignent pas quelques spéculations accessoires, et par conséquent quelques sources de bénéfices. Comptes spéciaux pour des spéculations accessoires au commerce proprement dit.

1° Une maison, par exemple, se chargera de faire des achats ou des ventes de marchandises, pour compte d'autres négocians, moyennant une commission d'achat ou de vente, réglée à tant pour % de la dépense ou du produit. Commissions.

Les dépenses ou les produits effectifs sont, comme de raison, portés au débit ou au crédit du compte courant du correspondant pour compte duquel se fait l'opération; mais la maison dont nous nous occupons voudra se rendre compte du produit de cette partie de son industrie, et par conséquent elle ouvrira *aux commissions* un compte qu'elle créditera successivement, par le débit de ses commettans, de toute commission acquise sur une opération consommée.

Intérêts et escomptes. 2° La même maison ou toute autre que l'on voudra supposer, ayant plus d'argent qu'il ne lui en faut pour son commerce courant, consacrera son excédant à acheter sur la place des effets à recevoir, moyennant escompte à son profit, comme nous l'avons dit plus haut (74), pour les encaisser à leur échéance, ou pour les négocier lorsqu'elle trouvera occasion de le faire à un escompte moindre que celui qu'elle aura payé; ou bien elle prêtera de l'argent à intérêts convenus et calculés comme l'escompte, et elle en empruntera même, si elle espère en tirer plus de produit qu'elle ne paie d'intérêts. Elle ouvre alors aux *intérêts* et *escomptes* un compte spécial qu'elle débite de ceux qu'elle paie, et qu'elle crédite de ceux qu'elle reçoit, par le crédit ou le débit de qui de droit.

Assurances. 3° Cette maison peut encore s'occuper des assurances contre les risques de mer, de guerre, etc., et, dans cette hypothèse, elle ouvre aux assurances un compte qu'elle crédite du montant des primes qu'elle reçoit, et qu'elle débite du montant des *pertes* ou *sinistres* qu'elle rembourse, par le débit ou le crédit de caisse, suivant qu'il y a lieu.

Nous ne prétendons pas épuiser cette nomenclature, et ces trois exemples suffisent de reste pour servir de règle en tout cas semblable.

Compte de profits et pertes. 82. Indépendamment du compte de marchandises, subdivisé en quatre, cinq, six sections, plus ou moins, suivant les convenances du négociant (77), il peut donc encore avoir un compte de frais généraux subdivisé en plusieurs sections (78), un compte de frais de maison considéré comme charge du commerce (80), des comptes de commission, d'intérêts et escomptes, d'assurances, et tels autres semblables, dont les circonstances et la nature des opérations provoqueraient la création.

Tous ces comptes présentent à leur débit les sommes engagées dans le commerce ou dans les spéculations du négociant, à quelque titre que ce soit; et à leur crédit, les produits du commerce ou desdites spéculations; par conséquent c'est de la comparaison entre la masse des soldes au débit et celle des soldes au crédit que résultent les pertes et les bénéfices, après toutefois avoir fait paraître en ligne de compte (39 et 67) la valeur des marchandises non vendues.

Mais, comme les opérations faisant l'objet d'une partie de ces comptes ne se rapportent pas au commerce proprement dit, qui ne consiste qu'à acheter pour revendre, on ne peut pas les faire rentrer dans le compte de marchandises; il ne serait pas plus juste de grever ce dernier compte de la totalité des frais généraux, des frais de maison et autres qui, ne portant particulièrement sur aucune partie des spéculations du négociant, doivent les grever toutes proportionnellement.

Dans cet état, on a créé un nouveau compte qui, sous le rapport des résultats, représente sans exception toutes les industries et toutes les spéculations auxquelles se livre le négociant; c'est dans la réalité *le compte des profits et des pertes de toutes les opérations d'une maison de commerce et de spéculation*, et qu'on appelle par abréviation le *compte de profits et pertes.*

On ne consigne pas à ce compte les opérations élémentaires; les écritures constatant ces opérations sont distribuées entre les divers comptes de marchandises, de frais généraux, de maison, d'intérêts et escomptes, etc., d'après les principes exposés ci-dessus, et ce sont seulement les excédans au débit et au crédit en fin de gestion que l'on transporte au débit ou au crédit du compte de profits et pertes, de sorte que ce compte présente les mêmes résultats que si on y avait inscrit toutes les opérations sans exception, et que la différence entre son débit et son crédit donne le total des pertes ou des bénéfices de la gestion.

Mais, pour procéder ainsi, il faut préalablement créditer les comptes de marchandises, par le débit de capital (38 et 67), de la valeur de celles non vendues, inventoriées et évaluées en fin d'exercice.

Le compte de *profits et pertes* est donc le centre auquel viennent se réunir, quant à leur résultat, tous les comptes sans exception qui ont été débités de dépenses quelconques à la charge du commerce en *général*, ou de l'une des spéculations particulières d'un négociant. Il remplit, dans l'hypothèse d'un commerce que nous pouvons appeler *mixte*, les fonctions du compte de marchandises chez le commerçant proprement dit, qui se borne à acheter pour revendre, comme nous l'avons supposé d'abord. C'est à ce compte exclusivement qu'il faut s'adresser pour connaître les résultats de la gestion, après toutefois avoir clos et balancé tous les comptes de marchandises et autres qui s'y rattachent, comme il est dit ci-dessus; c'est donc ce compte qui présentera le solde au crédit ou au débit, exprimant le bénéfice ou la perte de la gestion, et devant se balancer exactement avec l'excédant au débit ou au crédit du compte de capital, comme l'a fait le compte de marchandises (33, 41 et 70); enfin c'est le compte de profits et pertes qui devient, au lieu et place de celui de marchandises, l'un des trois comptes jouant le principal rôle dans une comptabilité commerciale, et autour desquels viennent se grouper tous les autres comptes, pour former trois masses qui ne représentent en définitive que les trois comptes de capital, de caisse et de marchandises, créés (20, 21 et 22) sous le régime du commerce au comptant.

Comme il est très-rare qu'une maison ne réunisse pas à son commerce principal des opérations de la nature de celles que nous avons indiquées (81), ou d'autres semblables, on a généralement adopté l'institution du compte de profits et pertes, qui est presque toujours utile, et ne présente jamais d'inconvéniens.

Quoique nous posions ci-dessus en principe général qu'on ne transporte au débit et au crédit du compte de profits et pertes que les excédans au débit et au crédit d'autres comptes, on peut cependant y porter directement des produits et des dépenses qui ne rentreraient dans aucun des comptes ouverts; cela ne présente pas d'inconvénient; toutefois, nous préférerions encore que l'on ouvrît un compte spécial sous le titre de *produits et frais divers*, qui se balancerait par le débit ou le crédit de profits et pertes, suivant qu'il y aurait lieu; et de cette manière ce dernier compte conserverait entièrement le caractère que nous avons voulu lui donner.

Comptes temporaires d'objets à régler, de créances douteuses, etc.

83. Il est enfin une espèce de *comptes temporaires* qu'on ouvre au grand-livre dans certaines circonstances.

Dans un grand mouvement d'affaires, il y en a quelques-unes dont, pour cause de litige ou autrement, les résultats restent incertains plus ou moins longtemps, et sur lesquelles l'attention doit se reporter de temps à autre, jusqu'à ce qu'elles soient définitivement réglées.

Il en est d'autres qui sont relatives à des créances incontestables, mais dont le recouvrement est douteux.

Si les premières restent confondues dans la masse des comptes qui y ont donné lieu, elles peuvent être perdues de vue.

Dans le même cas, les secondes venant en ligne de compte avec des ressources ou des recouvremens certains, pourraient induire en erreur sur la véritable position du négociant.

On s'est donc avisé de créer au besoin deux comptes de circonstance, l'un sous le titre d'*objets à régler* ou *en suspens*, l'autre sous le titre de *créances douteuses*, afin de résumer dans des cadres resserrés toutes les affaires de ces deux natures qui demandent à être suivies.

Pour les créances incertaines, on en crédite le compte du créancier équivoque, par le débit du compte de *créances douteuses*.

Pour les objets à régler, tels qu'assurances en discussion, réglemens d'avaries de route, réclamations sur la qualité des denrées ou sur des retards de livraisons, dépenses non connues précisément et qu'il faut cependant prendre en considération, on évalue d'après les probabilités la somme à recouvrer ou à payer, on en débite ou on en crédite le compte que chaque affaire concerne, par le débit ou le crédit du compte d'*objets en suspens*.

Ces deux comptes prennent rang parmi ceux dont ils remplissent évidemment la fonction, c'est-à-dire parmi les comptes courans; aussitôt qu'une des affaires en suspens est terminée, on fait d'abord l'écriture que comporte le paiement ou le recouvrement effectué, et s'il y a perte pour le négociant, par comparaison avec la somme faisant l'objet de la première écriture, on en crédite le compte, par le débit de marchandises ou de *profits* et *pertes*, si ce dernier compte existe, comme dans le cas prévu (76), de même que, s'il y a bénéfice, on suit la marche inverse.

On voit que par ce moyen les deux comptes se balancent exactement lorsque toutes les affaires qui s'y rapportent sont terminées.

S'il existe encore des créances douteuses ou des affaires en suspens, quand on procède à un inventaire général, il est convenable de les réduire à leur produit présumé, et de passer le reste au débit de profits et pertes, pour ne pas fonder les résultats de la gestion sur des valeurs imaginaires; ou du moins, si, pour un motif quelconque, on ne croit pas devoir encore prévoir sur les livres la consommation du sacrifice, il est indispensable de l'évaluer hors ligne, pour le soustraire des bénéfices ou l'ajouter aux pertes résultant des écritures.

La marche à suivre serait parfaitement analogue pour tel autre compte temporaire ou provisoire que la nature et la situation des affaires pourraient déterminer à ouvrir.

84. La clôture des comptes à laquelle nous avons procédé (70), et que nous venons de supposer (82), tend à former une situation générale et à passer d'un exercice à un autre; mais on éprouve souvent, en cours d'exercice, le besoin de se fixer sur la situation d'un compte particulier et de l'arrêter à une époque fixe, Mode d'arrêter un compte particulier en cours d'exercice.

pour passer à un compte nouveau. Cette nécessité se fait sentir, surtout pour les comptes courans des correspondans *avec intérêts respectifs*, sur lesquels nous nous réservons de revenir plus tard.

Voici, dans ce cas, comment on procède à l'arrêté.

Soit un compte courant de correspondant dont le débit total monte à . . . . 45,000 fr.

Et le crédit à 36,000

Excédant au débit 9,000

Hé bien, on crédite de cet excédant le compte courant, que nous appelons compte ancien, par le débit de compte nouveau. On sépare le compte ancien du compte nouveau *par un trait fortement prononcé*, comme s'il s'agissait du passage d'un exercice à un autre, et, pour le bon ordre, on fait de ce virement l'objet d'une écriture au journal.

Il est évident que cette opération ne peut troubler en rien la première balance à établir, puisqu'insérer, dans une balance générale des débits et des crédits, deux sommes qui diffèrent entre elles de 9,000 fr. en faveur du débit, ou y faire seulement figurer au débit cette différence, c'est absolument une et même chose, du moins quant à la balance.

Elle ne trouble pas davantage le compte particulier, puisqu'au contraire elle en consacre le résultat.

Balance de sortie et balance d'entrée.

85. Mais ce n'est pas seulement un compte particulier qu'on est, dans certaines circonstances, obligé d'arrêter en cours d'exercice; il arrive quelquefois qu'un grand-livre étant trop chargé, il faut en ouvrir un autre sur lequel il faut reporter tous les comptes qui doivent être clos sur l'ancien.

Comme dans l'espèce il n'est pas question de procéder à un inventaire, ce n'est pas le cas de clore les comptes, comme nous l'avons fait (70), par l'entremise de *capital*, de *marchandises* ou de *profits et pertes* (82); il faut uniquement transporter au nouveau grand-livre le résultat de ces comptes, tel qu'il se trouve au moment convenu.

La première idée qui a dû se présenter a probablement été de balancer isolément tous les comptes anciens par le débit ou le crédit des comptes nouveaux, et de porter sur le nouveau livre toutes les sommes qui devaient figurer aux comptes nouveaux; cette marche est en effet praticable, mais, d'une part, avant d'ouvrir un nouveau grand-livre, il est convenable de s'assurer, par une balance générale, qu'il n'y a pas d'erreurs sur l'ancien, et que par conséquent les résultats à reporter sont exacts; et, d'une autre part, il fallait éviter que, des deux écritures doubles que (84) nous recommandons de consigner au journal, l'une fût sur l'ancien grand-livre et l'autre sur le nouveau.

Dans cette double vue, on imagina de balancer à la même date tous les comptes sans exception, en créditant ceux qui avaient un excédant au débit, et en débitant ceux qui avaient un excédant au crédit, de ces mêmes excédans, par le crédit ou le débit d'un compte d'ordre créé à cet effet, et qu'on appelle *balance de sortie*.

Tel compte doit à balance de sortie pour le montant du solde au crédit dudit compte, à la date du . . . . *Tel autre compte est crédité par balance de sortie*, pour montant du solde au débit, etc.

Il est évident que ce compte se balancera exactement, puisqu'il présente au débit tous les excédans de débit, et au crédit tous les excédans de crédit des autres comptes, et que ces excédans de part et d'autre se balancent nécessairement entre eux (66). Il n'a d'ailleurs été créé que pour faciliter le passage d'un grand-livre à l'autre; tels sont les motifs pour lesquels on lui donna le nom de *balance de sortie*.

Un compte semblable fut ouvert sur le nouveau grand-livre sous le titre de *balance d'entrée*, avec cette différence cependant que les articles de débit du compte de balance de sortie passèrent au crédit, et ceux de crédit, au débit du compte de balance d'entrée.

En effet, le compte de *Dupré*, par exemple, avait un excédant au débit, de . . . . 10,000 fr.

On l'a crédité sur l'ancien grand-livre, par le débit de balance de sortie; il faut bien maintenant qu'il reparaisse au nouveau grand-livre avec ce même débit, par le crédit de balance d'entrée.

Cet exemple est applicable à tous les autres comptes.

Il suit de ceci que la balance d'entrée au nouveau grand-livre détruit complètement celle de sortie de l'ancien, et que tous les autres comptes sont débités et crédités sur le nouveau grand-livre, comme ils l'auraient été sur l'ancien, si on les avait balancés par *compte nouveau* et *compte ancien*, dans la forme indiquée (84); et c'est ainsi qu'il en doit arriver, puisque les comptes de *balance de sortie* et de *balance d'entrée* sont deux comptes d'ordre créés pour la circonstance, et remplissant des fonctions précisément inverses sur les deux grands-livres.

86. Jusqu'à présent, dans nos raisonnemens et dans les exemples dont nous Différence

Entre les opérations simples et les opérations complexes.

les avons appuyés, nous avons toujours supposé que chaque opération ne concernait que deux comptes, dont l'un était à *débiter*, et l'autre à *créditer*, et qu'il ne s'agissait jamais que d'opérations *simples*. Mais il se présente souvent des opérations *complexes*, dans lesquelles il se trouve plusieurs débiteurs vis-à-vis d'un seul créancier, ou plusieurs créanciers vis-à-vis d'un seul débiteur, ou enfin plusieurs débiteurs et plusieurs créanciers.

Les opérations complexes peuvent toujours se ramener à des opérations simples.

87. Il n'y a pas de nouveaux principes à poser pour apprendre à passer les écritures provoquées par les opérations complexes; la raison en est qu'une opération *complexe* peut toujours être ramenée à des opérations *simples*. Il ne s'agit que d'analyser cette première, pour y découvrir les diverses opérations *simples* dont elle se compose, et trouver par conséquent les véritables débiteurs et créanciers.

Ce sont ces mêmes débiteurs et créanciers qu'il faut rappeler dans la rédaction des écritures, avec cette différence qu'on ne présente dans l'écriture complexe que les débiteurs et créanciers définitifs, et que l'on s'abstient de faire mention des sommes qui, dans le détail des écritures que comporteraient les opérations simples, figureraient pour le même montant au débit et au crédit d'un même compte.

Des exemples feront disparaître ce qu'il pourrait y avoir d'obscur dans cet énoncé un peu abstrait.

Écritures complexes à un débiteur et plusieurs créditeurs.

88. Un négociant, ayant de l'argent disponible, prend sur la place (74) un effet à recevoir de 10,000 fr. ayant encore deux mois à courir, avec bénéfice à son profit de ½ pour % par mois, soit 1 pour % pour les deux mois.

Il ne comptera donc en argent que 9,900 francs en échange de l'effet de 10,000 francs.

Ainsi la chose se passe comme si l'effet était d'abord échangé contre une somme égale de 10,000 fr. dont la caisse serait créditée et le porte-feuille débité, et qu'ensuite le preneur remît au négociant 100 fr. qui seraient portés au débit de caisse et au crédit d'*intérêts et escomptes* (74).

Or, on voit dans cette double opération 1° que les effets à recevoir doivent être définitivement débités de 10,000 fr., puisqu'un effet de cette valeur entre en porte-feuille; 2° que les intérêts et escomptes doivent aussi rester crédités de 100 fr. pour la remise faite à notre négociant; 3° que la caisse est débitée d'abord de 10,000 fr., et créditée ensuite de 100 fr., en sorte que, de l'ensemble des deux écritures au compte de caisse, il ne reste qu'un excédant au crédit, de 9 900 fr.

On peut donc faire abstraction des 100 fr. qui sont censés sortir de la caisse pour y rentrer immédiatement après, ne faire paraître que les sommes restant invariablement au débit et au crédit, et rédiger l'écriture comme suit :

Effets à recevoir doivent,

A caisse . . .	Pour autant compté à Dupré, pour valeur *nette* de l'effet de 10,000 fr., pris de lui à l'escompte de demi pour % par mois et ayant deux mois à courir, ci	9,900 fr.
A intérêts et escomptes.	Pour escompte dudit effet, *bonifié* par Dupré	100
	Total au débit de porte-feuille . . .	10,000

Autre exemple. Notre négociant doit à Fournier, son correspondant, 12,000 fr., et pour se libérer, lui remet :

1° 50 balles de café, ensemble du poids de 2,500 kil., au prix convenu de 300 fr. les cent kil., ce qui, déduction faite de 6 pour % d'escompte pour paiement comptant, fait une valeur de 7,050 fr.; 2° une acceptation échue de Fournier de 3,600 fr. qu'il avait en porte-feuille; 3° et enfin 1350 fr. en argent, pour solde.

On pourrait passer trois écritures pour débiter successivement Fournier des trois espèces de valeurs qu'il a reçues en paiement, par le crédit des trois comptes qui fournissent ces mêmes valeurs; mais il est plus simple de ne faire qu'une seule écriture au journal et au compte de Fournier; elle serait ainsi conçue :

Fournier doit,

A marchandises.	Pour valeur de 50 balles de café livrées à Fournier, ensemble du poids de 2,500 kil., à 300 fr. le quintal métrique, prix convenu, mais avec la bonification de 6 pour %, pour réglement au comptant, ci	7,050 fr.
A effets à recevoir.	Pour montant de son acceptation échue, à lui remise, ci	3,600
A caisse. . . .	Pour autant à lui remis en argent, pour solde de compte, ci	1,350
	Total au débit de Fournier	12,000

89. Nous avons (70) passé quatre écritures distinctes au crédit de capital, et nous avons rédigé quatre articles au journal, pour ouvrir les comptes du nouvel

Écritures à un seul créditeur et plusieurs débiteurs.

exercice (voir les modèles sous les Nos IV, V, VI, VII, X et XI des Tableaux accessoires), parce qu'il y avait quatre débiteurs distincts. Hé bien, on aurait obtenu le même résultat en rédigeant au journal une seule écriture conçue en ces termes :

Divers doivent à capital,

Caisse.	Pour le montant des sommes en argent existant effectivement en caisse à l'ouverture du nouvel exercice, ci .	23,000 fr.
Effets à recevoir.	Pour le montant des effets à recevoir existant en porte-feuille à la même époque, suivant détail... etc., ci	3,000
Marchandises.	Pour valeur estimative des marchandises inventoriées en fin d'exercice, suivant détail à l'inventaire, ci	52,000
Rousseau . . .	Pour solde dû en compte courant par Rousseau, à la fin de l'exercice précédent, ci	17,000
	Total au crédit de capital	95,000

En prenant les exemples précisément inverses de ceux donnés ci-dessus pour le cas d'écritures complexes à un seul débiteur, c'est-à-dire, en supposant qu'il s'agisse de la vente, au lieu de l'achat de l'effet de 10,000 fr. en question, et d'une créance de 12,000 fr. en compte courant, au lieu d'une dette, on aurait en définitive un seul créditeur et deux ou trois débiteurs, et les écritures se rédigeraient ainsi qu'il suit :

1° *Divers doivent à porte-feuille,*

Caisse.	Pour autant compté par Dupré, pour valeur *nette* de l'effet de 10,000 fr. pris par lui à l'escompte de 1/2 pour % par mois, pour deux mois restant à courir, ci	9,900 fr.
Intérêts et escomptes.	Pour escompte dudit effet, *bonifié* à Dupré, ci .	100
	Total au crédit de porte-feuille	10,000

2° *Divers doivent à Fournier,*

Marchandises.	Pour valeur de 50 balles de café livrées à Fournier, ensemble du poids de 2,500 kil., à 300 fr. le quintal métrique, prix convenu, sous déduction de 6 pour % d'escompte, pour réglement au comptant, ci	7,050 fr.
	A reporter. . . .	7,050

	Report d'autre part.	7,050 fr.
Effets à recevoir.	Pour le montant de l'acceptation échue de la maison, remise par Fournier	3,600
Caisse.	Pour autant par lui remis en argent, pour solde de son compte	1,350
	Total au crédit de Fournier . . .	12,000

90. Il faut être très-réservé dans l'usage des écritures à plusieurs débiteurs et plusieurs créditeurs; cependant, comme elles sont usitées en certaines circonstances, il est indispensable d'en donner un exemple.

Écritures complexes à plusieurs débiteurs et plusieurs créditeurs.

Frédéric, de Marseille, a deux correspondans à Bordeaux, l'un nommé Durand, qui lui doit un solde de 3,000 fr., et l'autre nommé Philippeau, avec lequel il est en courant d'affaires.

Frédéric charge donc Philippeau de lui acheter 100 barriques de vin de Bordeaux, et l'autorise, pour se couvrir d'autant, à retirer des mains de Durand les 3,000 fr. que ce dernier lui doit.

Philippeau, en rendant compte à Frédéric du recouvrement des 3,000 fr. et de l'achat des 100 barriques de vin, lui envoie un effet de 5,000 fr. à recouvrer sur Marseille, et l'avise que, pour se couvrir d'une partie de ses avances, il a tiré sur lui pour 20,000 fr. à trois mois, mais qu'il a négocié avec perte de 2 ¼ pour les trois mois de terme, et ¼ pour % de courtage.

Voici les diverses opérations simples dont se compose cette opération complexe.

1° Recouvrement par Philippeau, de 3,000 fr. dus par Durand à Frédéric.
   Au débit de Philippeau et au crédit de Durand.

2° Achat de 100 barriques de vin, ensemble du prix de 29,000 fr., commission d'achat et frais accessoires compris, et déduction faite de 6 pour % pour paiement comptant.
   Au débit de marchandises et au crédit de Philippeau.

3° Envoi d'un effet de 5,000 fr. sur Marseille, à Frédéric.
   Au débit d'effets à recevoir et au crédit de Philippeau.

4° Émission de 20,000 fr. de traites fournies par Philippeau sur Frédéric.
   Au débit de Philippeau et au crédit d'effets à payer.

5° Perte à la charge de Frédéric de 2 ½ pour % sur la négociation des 20,000 fr.
   Au débit d'intérêts et escomptes, et au crédit de Philippeau.

Or, en réunissant les divers articles qui concernent le même débiteur et le même créditeur, Frédéric pourrait fondre les cinq écritures indiquées ci-dessus, en une seule écriture complexe, comme on va le voir.

Divers doivent à divers.

Compte	Libellé	Détail	Montant
Philippeau. . .	Pour recouvrement de 3,000 fr. fait sur Durand pour le compte de la maison.	3,000	23,000 fr.
	Pour montant des 20,000 fr. de traites à trois mois, fournies par Philippeau sur la maison (suivant détail), ci.	20,000	
Marchandises.	Pour valeur nette de 100 barriques de vin à 300 fr. l'une, achetées par Philippeau sur ordre et pour compte de la maison, commission et frais accessoires compris, et déduction faite de 6 pour % d'escompte pour réglement au comptant, suivant facture, ci.		29,000
Effets à recevoir.	Pour montant d'un effet sur Marseille, payable le par , envoyé par Philippeau.		5,000
Intérêts et escomptes.	Pour perte de 2 ¼ pour %, et ¼ pour % de courtage, à la négociation des 20,000 fr. de traites, ci.		500
	Total des articles de débit.		57,500
A Philippeau.	Pour prix des 100 barriques de vin ci-dessus.	29,000	34,500
	Pour envoi de l'effet de 5,000 fr. ci-dessus.	5,000	
	Pour perte par lui subie sur la négociation de 20,000 fr. de traites.	500	
A Durand. . .	Pour montant de la somme par lui versée à Philippeau, pour solde de son compte.		3,000
A effets à payer.	Pour montant des traites fournies par Philippeau sur Marseille.		20,000
	Total égal des articles de crédit.		57,500

Mais comme Philippeau paraît au crédit et au débit, ce qui est superflu dans une même écriture, et que le débit est moindre que le crédit, on eût encore pu libeller ainsi l'écriture :

Divers doivent à divers.

Marchandises.	Pour valeur nette de 100 barriques de vin, etc., etc. (le détail comme précédemment)	29,000 fr.
Effets à recevoir.	Pour montant d'un effet sur Marseille, etc., etc. (comme ci-dessus)	5,000
Intérêts et escomptes.	Pour frais de négociation et de courtage (comme ci-dessus)	500
	Total des articles de débit	34,500
A Philippeau.	Pour valeur des 100 barriques ci-dessus. . . 29,000 Pour id. de l'effet sur Marseille. . . . . 5,000 34,000 A déduire : Pour le montant de 3,000 fr. recouvrés sur Durand . . . 3,000 Pour le produit net des traites fournies sur la maison par Philippeau, etc. . . 19,500 (ensemble 22,500) Reste à porter au débit de Philippeau	11,500
A Durand. . .	Pour montant de la somme par lui versée à Philippeau	3,000
A effets à payer.	Pour montant des traites fournies par Philippeau sur la maison	20,000
	Total égal des articles de crédit	34,500

Par ce moyen, il n'y aurait que six écritures, au lieu de dix, à porter au grand-livre, et une seule écriture au journal, au lieu de cinq.

Quoi qu'il en soit, c'est plutôt pour signaler les inconvéniens, que pour démontrer les avantages des écritures à plusieurs débiteurs et plusieurs créditeurs, que nous avons donné cet exemple, car si, d'une part, on économise un peu de place au grand-livre, de l'autre, on fait une triple perte, savoir : perte de place au journal, puisqu'il faut répéter les articles de détail, afin de faire ressortir l'égalité des débits et des crédits; perte de temps, parce qu'il faut plus de réflexion pour préparer et disposer une écriture complexe, que pour passer les écritures simples ou moins composées qu'elles renferme; enfin, perte de clarté, parce que, dans cette espèce d'écriture, on aperçoit moins facilement le rapport entre les articles correspondans de débit et de crédit.

Nous conseillons donc, toutes les fois que la chose est praticable, de réunir plusieurs écritures simples, pour en faire une complexe à un seul débiteur (88), ou à un seul créditeur (89); mais aussi d'éviter celles à plusieurs débiteurs et plusieurs créditeurs, à moins que la nature de l'opération ne le demande, ce dont la sagacité du négociant ou de son teneur de livres le rendra juge.

Ainsi, dans l'exemple posé ci-dessus, nous préférerions de beaucoup passer trois écritures, savoir : une simple pour les 3,000 fr. de Durand, au débit de Philippeau et au crédit de Durand; une complexe au crédit de Philippeau, pour les 29,000 fr. de vin, au débit de marchandises, et pour l'effet de 5,000 fr. sur Marseille, au débit d'effets à recevoir; et une complexe au crédit d'effets à payer, pour les 20,000 fr. de traites sur Marseille, dont 19,500 fr. au débit de Philippeau, pour le net produit, et 500 fr. au débit d'intérêts et escomptes, pour le coût de la négociation.

Contre-Écritures. 91. Nous ne pouvons terminer la théorie des écritures sans parler des rectifications par voie de *contre-écritures*.

Nous avons déjà signalé (66) les erreurs provenant de faux reports du journal au grand-livre, erreurs dont on est averti par l'inexactitude de la balance, et que l'on découvre nécessairement à la faveur du *pointage*. Ces erreurs se rectifient purement et simplement au grand-livre; mais il est des erreurs d'une autre espèce pour lesquelles il faut procéder différemment; ce sont celles commises sur le journal même, et qui ne troublent pas la balance, parce qu'elles portent sur le débit comme sur le crédit; ainsi le teneur de livres a pu créditer ou débiter un compte au lieu d'un autre, ou porter une somme moindre ou plus forte qu'elle ne devait l'être, ou même, d'après un renseignement erroné, de quelque source qu'il vienne, consigner sur les livres une opération qui n'aurait réellement pas eu lieu, ou dont le résultat serait différent de celui qu'il a constaté.

De semblables erreurs, lorsqu'on les reconnaît, ne peuvent se rectifier que par de nouvelles écritures, parce que le journal, qui est le livre essentiel, le livre qui fait foi en justice, qui doit même être tenu sur papier timbré, et visé et paraphé par des officiers de justice pour avoir plus d'authenticité, ne peut souffrir ni *lacunes*, ni *renvois*, ni *corrections en interligne*, ni *ratures*, ni *surcharges*.

C'est pourquoi, si l'erreur ne consiste qu'à avoir porté au journal une somme trop forte ou trop faible, on ramène les choses à l'état où elles devraient être, en passant une écriture spéciale pour accroître ou pour réduire, dans la proportion convenable, l'excédant au débit ou au crédit des deux comptes que cette opération intéresse.

Si le débit de l'écriture primitive étant bien porté, on a crédité un compte au lieu d'un autre, on rédige une nouvelle écriture pour débiter le compte indûment crédité par le débit de celui qui aurait dû l'être de prime-abord. Dans le cas contraire, c'est la marche inverse qu'il faut suivre.

Enfin, si, par quelques motifs que ce soit, une écriture doit être considérée comme non avenue, on n'en maintient pas moins toutes les inscriptions faites au journal et au grand-livre, mais on en neutralise l'effet en passant d'abord une écriture précisément contraire, afin que les mêmes sommes, étant portées au crédit et au débit de chacun des deux comptes, se détruisent mutuellement, après quoi l'on rédige, s'il y a lieu, la nouvelle écriture conformément au véritable état des choses.

Brouillard du journal.

92. Mais il serait bien difficile, pour ne pas dire impossible, d'avoir un journal aussi régulier que le veulent le bon ordre et les lois, si l'on voulait faire ses écritures définitives du premier jet. C'est pourquoi le négociant qui tient lui-même ses livres, ou son chef de comptabilité, s'il en a un, fait d'abord ses écritures sur un registre ou sur des cahiers de papier libre, parce qu'alors il peut les rectifier jusqu'à ce qu'il soit satisfait de leur rédaction. C'est ce qu'on appelle le *brouillard du journal;* il est toujours tenu par le principal teneur de livres, dont c'est la principale et presque l'unique occupation dans les grandes maisons, et c'est un autre employé qui transcrit le *brouillard* sur le journal timbré, et qui transporte ensuite du journal au grand-livre.

Classement des pièces élémentaires de la comptabilité.

93. Toutes les écritures sont fondées sur la correspondance, sur des factures, sur des billets ou acceptations acquittées, sur des quittances, sur des bordereaux de négociation, etc., etc.; enfin sur des pièces matérielles établissant les motifs des articles au débit et au crédit des comptes auxquels se rapportent ces écritures.

Quelques détails que l'on croie devoir insérer dans le libellé des articles du journal, il faut être concis et se restreindre dans des limites dont on trouve bientôt le terme; aussi éprouve-t-on fréquemment le besoin de consulter les pièces originales, pour y puiser des renseignemens, éclaircir des doutes, et notamment pour éclairer l'opinion des conseils et des juges dans les discussions judiciaires. Il est donc du plus grand intérêt de classer toutes ces pièces avec une méthode telle, qu'on puisse toujours mettre sans peine la main sur celles que l'on désire.

Il n'y a pas de marche uniforme pour ce classement; cela dépend beaucoup de la nature des affaires auxquelles se livre le négociant, et même de la disposition de son esprit; mais il en faut une très-régulière, et nous avons vu de très-grands préjudices résulter du désordre des pièces élémentaires de la comptabilité.

La correspondance passive peut se classer, soit par correspondant et par ordre alphabétique, soit par ordre de date, en confondant tous les correspondans.

Les factures d'achat, les billets et acceptations acquittées, les quittances de toute espèce, doivent être méthodiquement rangés dans des cases ou des cartons spéciaux.

On peut aussi très-utilement classer séparément toutes les pièces servant de motifs aux écritures de caisse, et leur donner une série de numéros, avec le soin de rappeler le numéro de la pièce, au journal, et le numéro du journal, sur la pièce. Il est inutile d'insister pour faire remarquer l'utilité de cette double indication.

Nous attachons tant d'intérêt au classement, que nous ne jugeons pas superflu de recommander de remplacer toujours une pièce importante qu'on aura eu besoin de déplacer, par une note indicative de l'usage qu'on en a fait et du lieu où elle se trouve.

Registres de correspondance, de factures de vente, et d'effets de porte-feuille.

94. Ce que nous venons de dire dans le paragraphe précédent s'applique particulièrement aux titres de décharge créés par les tiers avec lesquels le négociant est en relation, et dont les originaux restent en ses mains; mais il est un autre ordre de titres qui sont de sa création. Ce sont particulièrement ses propres lettres, ses factures de vente, et les effets de son porte-feuille, dont il se dessaisit au moment de l'encaissement ou de l'emploi dans un paiement.

Les originaux passent aux mains des tiers, et par conséquent on ne peut les produire dans le besoin; on ne peut non plus espérer que ces titres seront produits par des adversaires à la condamnation desquels ils contribueraient peut-être, à moins qu'on ne prouve leur existence dans les mains de ceux-ci.

Pour suppléer à ces originaux, les bons négocians ne manquent pas d'enregistrer par ordre de date, et sans lacune intermédiaire, sur des livres spéciaux: 1° leur correspondance active; 2° leurs factures de vente; 3° les effets de portefeuille qui leur passent par les mains, en relatant textuellement tous les endossemens dont ils sont couverts au moment où ils leur arrivent.

Par ce moyen, en cas de discussion, un négociant peut produire ces registres, qui exercent une grande influence sur l'esprit des juges, parce qu'il est évident qu'à moins d'une fraude préméditée de longue main, et qui se préjuge fort rarement, on ne peut suspecter de faux ou d'altération un titre qui se trouve ainsi enclavé entre mille autres dont on pourrait prouver l'exacte conformité. Ces registres ne sont pas en toute circonstance équivalens aux titres originaux; mais ils en tiennent souvent lieu, et ils mettent presque toujours les adversaires dans la nécessité de produire les pièces probantes; nous ne saurions donc trop en recommander la tenue régulière.

95. Indépendamment du chef de la comptabilité, qui procède aux écritures et tient ordinairement lui-même le brouillard du journal, il y a encore, dans beaucoup de grandes maisons, un caissier spécial (c'est bien alors que le compte de caisse au grand-livre est (27) une seule et même chose avec le compte d'un comptable). Ce caissier ne s'occupe que de sa caisse et de son porte-feuille, ce qui comporte déjà une grande responsabilité; il reçoit et prépare toutes les pièces qui doivent servir à motiver les écritures ayant rapport aux comptes de caisse et de porte-feuille, et les remet au teneur de livres, qui en fait usage pour la rédaction de son journal; mais le caissier ne peut attendre le résultat des inscriptions au grand-livre pour savoir ce qu'il doit avoir en caisse. Il le peut d'autant moins que ce n'est souvent que plusieurs jours après qu'une recette ou une dépense sont réalisées, qu'on peut en charger les comptes du grand-livre, et que le caissier a besoin de s'assurer très-fréquemment s'il a réellement en caisse tout ce qui doit s'y trouver, afin d'être en garde contre des infidélités ou des erreurs qu'il ne pourrait plus découvrir s'il les laissait vieillir.

Livre de caisse.

L'inconvénient serait absolument le même pour un négociant d'un ordre inférieur qui serait lui-même son caissier et son teneur de livres.

Ainsi, en tout état de cause, un négociant qui veut tenir ses écritures régulièrement doit avoir un livre ou carnet spécial de caisse sur lequel il porte, soit dans deux colonnes à côté l'une de l'autre, soit sur deux pages en regard, d'une part toutes ses recettes, et de l'autre tous ses paiemens, *au fur et à mesure qu'il les effectue.*

A la faveur de ce livre, le négociant ou son caissier peut, à chaque instant, au moyen de deux additions très-courtes, savoir ce qu'il lui reste en caisse pour faire honneur à ses paiemens, et se mettre en mesure en temps utile, s'il prévoit des besoins.

Il n'est pas de doute que ce livre de caisse ne ressemble beaucoup au compte de caisse du grand-livre; mais il n'en est pas moins indispensable, parce qu'il faut que ce carnet soit constamment à jour, *ne fût-ce que pour mettre le caissier à même de vérifier sa caisse dès qu'il a terminé ses paiemens de la journée*, ce qu'il ne doit pas manquer de faire s'il veut se garantir d'erreurs graves.

Quant à la forme, chaque inscription doit être très-sommaire, se restreindre à une ligne, et cependant contenir les indications nécessaires pour mettre à même de recourir à la pièce, et même au journal, dont on peut rappeler le numéro dans une petite colonne *ad hoc*, lorsque l'écriture définitive est rédigée au brouillard. Nous en remettons au surplus un modèle sous le N° XII des Tableaux accessoires.

Livre d'échéances des effets à payer et des effets à recevoir.

96. Les dispositions que nous venons de prescrire s'appliquent à la *monnaie réelle;* il en est quelques-unes qui ne sont pas moins utiles, et qui se rapportent à la *monnaie fictive*, nous voulons dire aux effets à recevoir et aux effets à payer. Au moyen de ces effets, un négociant fait (59) des recettes qui ne sont pas encore de l'argent réalisé, mais qui se réaliseront plus tard, et (60) des dépenses sans bourse délier, qui n'exigeront des sorties de caisse qu'à des époques plus ou moins éloignées.

Il est de l'intérêt de tout négociant de savoir combien, et à quelles époques, il a à recevoir et à payer sur les effets de ces deux natures.

Les deux comptes ouverts au grand-livre pour les effets à recevoir et pour les effets à payer ne peuvent remplir l'objet, car ils ne contiennent pas le détail des effets. S'il fallait, d'après les indications du grand-livre, consulter le journal, on reconnaîtrait de suite combien cette marche serait longue et embarrassante.

Les effets à recevoir sont inscrits dans l'ordre de leur entrée dans le portefeuille, et les effets à payer dans l'ordre des souscriptions ou des avis des tireurs, et nullement dans l'ordre des échéances; il s'ensuit qu'on ne pourrait être fixé sur les recettes ou paiemens à faire jour par jour dans tel intervalle de temps, que par des dépouillemens infiniment pénibles, faits sur les effets eux-mêmes pour ceux à recevoir, et sur les livres pour les effets à payer. Pour parer à cet inconvénient, on a ouvert un livre ou registre spécial sur lequel on consacre à chaque jour de l'année une demi-feuille ou une feuille, plus ou moins, suivant l'importance des affaires du négociant, pour y inscrire en regard, jour par jour, par ordre d'échéance, d'un côté, le montant des effets à recevoir, et de l'autre, le montant des effets à payer; c'est ce qu'on appelle un *livre d'échéances*.

Ce livre doit présenter en une seule ligne, pour chaque effet, la date, l'échéance, la somme, le tireur ou souscripteur, l'ordre et l'acceptation, s'il y a lieu.

Par ce moyen, un négociant peut, à toute époque, se rendre compte des ressources que lui présente son porte-feuille, et de ses besoins, pour l'acquit de ses engagemens par billets et acceptations.

Indépendamment des indications de rigueur désignées ci-dessus, il est encore bon que l'inscription au livre d'échéances comprenne, pour les effets à payer :

1° Le numéro du journal sous lequel le compte des effets à payer est crédité, c'est-à-dire le numéro d'entrée au journal ; 2° un signe, la lettre *A* par exemple, pour indiquer celles des traites qui sont acceptées ; 3° le numéro de sortie, c'est-à-dire le numéro du journal sous lequel le même compte est débité de chaque effet à l'époque du paiement.

Il convient aussi de porter sur les effets eux-mêmes ce dernier numéro, et même celui qu'on leur donne comme pièces de dépenses (93).

Pour les effets à recevoir, on porte au livre d'échéances le numéro d'entrée au journal et le numéro de sortie.

Ces précautions paraissent peut-être minutieuses, mais elles sont souvent utiles pour recourir, des pièces, au livre d'échéances ou au journal, et *vice versâ;* et d'ailleurs, dans une comptabilité bien organisée, tout cela s'exécute sans embarras.

Ci-joint, sous le N° XIII des Tableaux accessoires, le modèle d'un livre d'échéances.

97. Ce n'est pas assez d'avoir des livres bien réguliers, il faut encore se préparer les moyens d'y faire les recherches avec facilité, lorsqu'on veut consulter, soit un des comptes du grand-livre, dont le nombre est quelquefois très-considérable, soit une lettre écrite à tel ou tel correspondant, soit une facture de vente, etc. ; c'est un avantage que l'on obtient au moyen de *répertoires*. Nécessité des répertoires.

Il en faut d'abord un formant l'objet d'un cahier distinct, pour le grand-livre.

On consacre une, deux ou trois pages, plus ou moins, suivant qu'il y a lieu, à chaque lettre de l'alphabet ; on inscrit à chacune de ces divisions les noms des correspondans ou des comptes dont le nom commence par cette lettre, et en regard de chaque nom on place le folio du grand-livre où se trouve le compte ; en sorte que, pour trouver au grand-livre un compte quel qu'il soit, il suffit de consulter sa lettre initiale au répertoire.

Les répertoires alphabétiques des livres de correspondance et de factures n'ont pas besoin d'être mobiles ; on les établit ordinairement à la fin du registre ; et à la suite du nom de chacun des correspondans auxquels on a écrit ou remis facture, on inscrit successivement et dans la même ligne, tant qu'il y a place, la date de la lettre ou de la facture, ou bien le numéro de la page du registre où elle est inscrite, de telle sorte que les recherches se font sans perte de temps.

Livres de magasin. 98. Mais il ne suffit pas d'avoir une bonne comptabilité en deniers; il faut encore établir de l'ordre dans les magasins, et classer les marchandises de manière à faciliter autant que possible les entrées et les sorties. Il faut de plus, surtout dans les grandes maisons, un livre de magasin qui présente nettement les entrées, les sorties, les restans en magasin, et dont les divisions correspondent autant que possible aux distributions des magasins et au classement des marchandises.

Il est impossible de tracer des règles générales pour le livre ou les livres de magasin; la forme en est totalement subordonnée à la nature du commerce et à la manière dont il est dirigé.

Un négociant qui embrasserait quatre branches bien distinctes de commerce, savoir, les grains, les vins, les denrées coloniales et les fers, devrait avoir un livre partagé en quatre parties, ou quatre livres de magasin, dont chacun serait susceptible d'un certain nombre de divisions.

Ainsi les denrées coloniales auraient des sections distinctes pour les sucres, les cafés, les cotons, etc., et chacune des sections pourrait être subdivisée suivant les origines et les qualités.

On voit comment ceci peut s'appliquer aux autres natures de denrées.

Pour les grains, il serait bon d'avoir, d'une manière ou d'autre, le compte de chaque magasin, et même de chacun des tas qui se trouvent dans le même magasin, lorsque l'origine et la qualité ne sont pas les mêmes. On atteint souvent ce but à la faveur de carnets tenus par des commis subalternes ou des principaux journaliers. On peut aussi s'aider d'ardoises disposées à côté des parties de marchandises placées dans des emplacemens ou dans des cases distinctes, et sur lesquelles on inscrit à *la craie* les entrées et les sorties; en un mot le choix des moyens dépend entièrement de l'intelligence, et de l'objet des spéculations du négociant; mais plus les articles sont variés, plus les mouvemens sont fréquens, plus il faut qu'un négociant ait d'ordre et de surveillance, pour connaître sa situation, prévoir ses besoins, prévenir des détériorations de marchandises oubliées dans des parties de magasin peu abordables, ou surchargées d'autres articles, etc., et plus il est indispensable que cet ordre soit secondé par des livres ou carnets qui ne peuvent rien cacher, et qu'il est toujours facile de consulter.

CINQUIÈME PARTIE.

APPLICATIONS DIVERSES

DE LA THÉORIE DE LA COMPTABILITÉ COMMERCIALE.

PREMIÈRE SECTION.

DES ASSOCIATIONS COMMERCIALES.

99. Le commerce se fait souvent, non pas seulement comme nous l'avons supposé jusqu'ici, par des individus isolés agissant exclusivement dans un intérêt privé, mais par des associations opérant dans un intérêt commun, et prenant plusieurs noms et plusieurs formes. *Associations diverses faisant le commerce dans un intérêt commun.*

Les principes généraux de comptabilité précédemment reconnus sont nécessairement applicables au commerce par association, comme au commerce individuel, puisque les opérations sont de même nature; cependant les conditions sous lesquelles ces diverses sociétés sont constituées occasionent dans les comptes quelques légères modifications dont nous devons dire un mot, pour que notre travail soit complet.

Nous allons donc passer en revue ces diverses associations qui sont :

1° La société en nom collectif;

2° La société en commandite;

3° La société en participation;

4° La société anonyme.

100. La société en nom *collectif* est formée par deux ou plusieurs personnes qui ont pour objet de faire le commerce dans un intérêt commun, et sous une dénomination convenue, portant le nom de *raison sociale.* *Comptabilité de la société en nom collectif.*

L'acte de société qui lie les divers intéressés entre eux détermine l'intérêt de chacun.

Ces intérêts peuvent être inégaux.

La participation dans les bénéfices ou dans les pertes est proportionnée à l'intérêt de chacun, mais l'inégalité d'intérêt n'atténue en rien la solidarité de tous les associés pour raison des engagemens contractés envers des tiers par les gérans de la société, et *sous la raison sociale*.

Une différence essentielle entre ces sociétés et les négocians isolés, c'est qu'elles sont obligées d'avoir un capital primitif, dont la quotité et la part à faire par chacun des associés sont fixées par l'acte de société, tandis que ces derniers peuvent avoir un capital mobile, pouvant s'accroître ou se réduire à leur gré.

Le crédit du compte de capital est donc invariable pendant le cours de chaque période qui s'écoule entre deux inventaires.

Comme le capital doit être fait par les divers associés dans des proportions convenues, et que, dans l'origine d'une société, ce capital n'est pas immédiatement réalisé, on a contracté l'habitude d'ouvrir à chaque associé devant faire une portion du capital, un compte courant exclusivement destiné à faire connaître jusqu'à quel point il a rempli cette obligation.

Chacun de ces comptes spéciaux est intitulé : *Un tel, son compte à capital.*

La première écriture à porter au journal et au grand-livre d'une société en nom collectif a donc pour objet de créditer le compte de capital, par le débit de chacun des associés, à *leur compte* à *capital.*

Chaque associé est ensuite crédité à *son compte* à *capital,* de tous les versemens de valeurs qu'il fait en exécution de son engagement.

Dès qu'il a versé toute sa portion contributive, *son compte à capital* est invariablement balancé, et il n'y est plus fait aucune écriture pendant la durée de la société.

Ces divers comptes *à capital* sont de vrais auxiliaires du compte de caisse, comme les comptes courans que nous avons considérés (45 et 49), puisque l'article du débit n'a pour objet que de représenter une somme en argent qui devrait être en caisse et qui y sera versée plus tard, et que le compte devient nul lorsque le versement est fait.

Chaque associé a d'ailleurs, comme tout correspondant, un *compte courant* dans la forme ordinaire, pour tous les mouvemens de fonds qui le concernent, indépendamment du capital.

Il est d'usage que les associés retirent un intérêt de leur capital à un taux réglé par l'acte de société, comme pour les prêts faits par des tiers (81). S'ils ne le prélèvent pas effectivement aux époques convenues, on en crédite leur compte courant comme d'une somme qui leur est due, par le crédit du compte d'intérêts.

La confection de l'inventaire annuel (67, 68 et 71) fait connaître à la société le montant des bénéfices qu'elle a faits ou des pertes qu'elle a subies dans le cours de l'année.

La répartition en est faite au *marc le franc* entre les divers associés, d'après la proportion réglée par l'acte de société, et le montant en est porté au *crédit* ou au *débit* de leurs comptes courans respectifs, par le *débit* ou le *crédit* du compte de capital, comme de sommes à eux ou par eux dues.

Dans l'hypothèse de bénéfice, la société examine ensuite s'il en résulte des capitaux excédant les besoins de son commerce, et dans quelle proportion.

En cas d'affirmative, elle prélève effectivement, et partage dans la même proportion que le bénéfice total, les fonds surabondans, et le surplus reste en compte courant au crédit des associés.

Dans l'hypothèse de perte, la société juge s'il faut faire un appel de fonds, et quelle somme est nécessaire. Cette somme est fournie en compte courant par chacun des associés dans la même proportion que ci-dessus.

Il peut arriver que, même dans l'hypothèse de bénéfice, un appel de fonds soit nécessaire, pour cause d'extension des affaires, ou de retard dans les recouvremens; et alors les nouveaux fonds sont fournis en compte courant, avec jouissance d'intérêts, comme de raison.

Comptabilité de la société en commandite.

101. La société *en commandite* se contracte entre un ou plusieurs associés responsables et solidaires, d'une part, et de simples bailleurs de fonds que l'on nomme *commanditaires*, d'autre part.

Les commanditaires participent aux bénéfices et aux pertes dans la proportion déterminée par l'acte de société, mais ils ne sont passibles des pertes que jusqu'à concurrence des fonds qu'ils ont versés ou dû verser dans la société.

Les associés en commandite ne peuvent prendre aucune part à la gestion, et leur nom ne peut *figurer* dans la *raison sociale*, sous peine de perdre leur caractère de commanditaires, et de devenir responsables et solidaires, comme les associés en *nom collectif*.

Si un commanditaire a fourni, indépendamment de sa portion de capital, des fonds en compte courant provenant soit d'intérêts ou de dividendes à lui attribués et non prélevés, soit de versemens effectifs en argent, en effets de portefeuille ou en marchandises, il devient, pour raison de ces valeurs, simple créancier de la société, comme tout autre correspondant, et il peut les réclamer à toute époque, sauf toutefois les stipulations spéciales qui pourraient exister à cet égard entre lui et la société.

Du reste, sous le rapport de la comptabilité, tout se passe dans la société mixte, composée, partie d'associés responsables et solidaires, partie d'associés commanditaires, comme il vient d'être dit (100) pour la simple société en *nom collectif.*

Comptabilité de la société en participation.

102. Quelquefois une maison de commerce méditant une opération ou une entreprise d'une certaine importance, accorde à une autre maison ou à un ami qui n'est pas dans le commerce, un intérêt de moitié, d'un tiers, d'un quart, etc., dans cette opération; c'est ce qui s'appelle faire une opération en *participation* ou de compte à ½, à ⅓, à ¼, etc., etc. avec l'intéressé.

Cette société est toujours spéciale et ne peut s'appliquer à aucun autre objet que celui pour lequel elle a été contractée.

Comme il faut rendre un compte particulier de cette affaire à l'associé étranger, il est indispensable d'ouvrir sur le grand-livre un compte spécial à la matière de la spéculation quelle qu'elle soit, autrement dit un *compte en participation.*

On ouvre aussi un compte à l'intéressé qui fait ordinairement une mise de fonds convenue, et qu'on en crédite à mesure qu'il l'effectue.

Les écritures du compte en participation se passent comme celles du compte de marchandises ou de l'une de ses subdivisions, et l'on fait rentrer dans ce compte tous les frais sans exception occasionés par l'opération.

En pareil cas, la maison qui opère pour compte commun jouit, p indemnité de ses peines et soins, et pour ses frais généraux, d'une commission convenue, soit sur les ventes, soit sur les achats, soit sur les unes et les autres, s'il s'agit de marchandises; soit enfin sur le *quantum* de l'opération, s'il s'agit d'une spéculation d'un autre genre.

Cette commission est portée au débit du compte de l'opération et au crédit du compte général de profits et pertes; tout ce que nous avons dit précédemment nous dispense d'en détailler les motifs.

En fin de compte, s'il y a bénéfice et que l'opération soit faite de compte à ⅓, par exemple, on débite le compte de l'opération du tiers du bénéfice, par le crédit de l'intéressé, auquel il faut remettre ensuite et sa mise de fonds et sa portion de bénéfice, moyennant quoi le compte de ce dernier se balance exactement et devient nul.

On balance et on annulle également le compte en participation, en le débitant des deux autres tiers du bénéfice, par le crédit du compte général de profits et pertes, et tout ce qui concerne la participation se trouve définitivement clos, arrêté et balancé.

S'il y avait plusieurs intéressés en participation, la marche serait parfaitement analogue pour chacun d'eux.

En cas de perte, on ferait pour la liquidation les écritures précisément inverses, et il n'y aurait à remettre aux intéressés en participation que la différence entre leur capital et leur portion afférente de perte.

103. Nous arrivons enfin à la quatrième espèce d'association commerciale, connue sous le nom de *société anonyme*, et qui n'est qu'une grande association en commandite.

Comptabilité de la société anonyme.

Voici comment elle se forme :

Un particulier ou une maison de commerce conçoit un projet, soit d'opérations commerciales, soit d'assurances contre les risques de mer, de guerre, contre l'incendie, la grêle, les chances de la vie, etc., etc.; soit de défrichement, d'agriculture, de constructions, de canaux, de routes, de chemins, etc.; en un mot, une grande spéculation; mais une telle entreprise exige, pour être exécutée, des facultés ou des garanties qui dépassent de beaucoup les limites de la fortune d'un ou de quelques particuliers; il faut donc réunir un grand nombre de coopérateurs.

Dans cette vue, après avoir exposé le but de l'entreprise, évalué son importance et celle des capitaux dont elle exige la disponibilité ou la réalisation, enfin, après avoir présenté le tableau des chances de succès et de bénéfice, l'auteur du projet provoque des souscriptions, c'est-à-dire qu'il offre d'accorder des fractions d'intérêt correspondant à des portions semblables du capital nécessaire que les souscripteurs s'engagent à verser, à des époques ou dans des circonstances déterminées.

Ces fractions d'intérêt prennent le nom d'*actions*.

S'il s'agit, par exemple, d'un capital de *dix millions*, on peut arrêter que chaque action correspond à un *millième* du capital, soit à 10,000 fr.

Les souscripteurs ou actionnaires réunis composent une administration centrale chargée de suivre l'exécution du projet dans l'intérêt commun, et font ensuite leur mise de fonds dans les valeurs et aux époques fixées par l'acte fondamental de la société.

Enfin on délivre aux actionnaires un titre distinct pour chaque action, lequel est ordinairement *nominal* et indéfiniment transmissible, non pas, par voie d'endossement comme une lettre de change, mais par notification à l'administration centrale, à laquelle on remet le titre de l'action primitive, et qui délivre un nouveau titre au propriétaire.

Chacun n'est engagé que pour la valeur de ses actions, et jamais il n'y a d'appel de fonds obligatoire au-delà du montant de ces actions.

C'est donc réellement une société en commandite pure; aussi n'est-elle jamais gérée sous un nom individuel ou collectif, et se borne-t-elle à prendre un titre général qui rappelle le but de son institution, tel que, *Caisse d'escompte, Banque de France, Compagnie des Indes, Compagnie d'assurances maritimes, Compagnie du canal du Midi, Institution agronomique*, etc.

Dans une pareille association, nous avons à considérer le mouvement des fonds et le mouvement des actions.

Pour les fonds, il faut d'abord ouvrir, comme de raison, le compte de capital; mais si chaque action se réduit à une faible somme, par comparaison avec la masse du capital social; si les actions sont réparties entre un grand nombre, entre plusieurs centaines, et même entre plusieurs milliers de propriétaires, comme il arrive quelquefois, on se gardera sans doute de surcharger le grand-livre, d'un *compte à capital* au nom de chacun des intéressés, comme on l'a fait (100) dans les sociétés en *nom collectif*. Cette immense quantité de comptes serait d'autant plus superflue, qu'ils seraient tous parfaitement uniformes et balancés, c'est-à-dire annulés, presque aussitôt qu'ouverts : en effet, on ne pourrait créditer le compte de capital, et débiter ceux des actionnaires, de la portion exigible, qu'au moment de la délivrance des actions, et c'est presque toujours à la même époque qu'ils doivent verser cette portion de capital, dont ils seraient immédiatement après crédités.

Il nous paraît infiniment plus simple d'ouvrir, pour tous les actionnaires bailleurs de fonds un seul compte à capital (100), sur lequel on aurait soin, en portant les articles de débit, de faire ressortir, dans une petite colonne *ad hoc*, le nombre d'actions auquel correspond chaque article. A la faveur de cette précaution, et attendu que chaque action doit produire une égale somme, il serait toujours facile de vérifier, par comparaison avec le crédit, si tous les actionnaires ont satisfait à leurs obligations.

Il est vrai qu'ordinairement les actionnaires ne doivent compléter leur capital qu'en plusieurs paiemens à époques fixes, ou à époques à indiquer plus tard par l'administration de la société; mais comme chaque action est passible du même à-compte, lorsque le moment d'exiger un deuxième ou un troisième versement est arrivé, on crédite en une seule fois le compte de capital, par le débit du *compte à capital* des actionnaires, de la somme totale que doit produire le nouveau versement appliqué au nombre d'actions émises, et il en résulte la plus grande facilité pour vérifier les progrès du recouvrement, facilité dont on serait privé si chaque actionnaire avait un *compte à capital*.

Prenons pour exemple la *société anonyme* dont nous parlions plus haut, ayant le commerce pour objet, et devant opérer sur un capital social de *dix millions* répartis entre mille actions de 10,000 francs chacune.

Les 10,000 fr. sont payables par cinquième, d'année en année.

Lorsque la société commence ses opérations, il n'y a que six cents actions placées, lesquelles, à raison de 2,000 fr. par action pour le premier terme, doivent produire 1,200,000 fr. On crédite donc le compte de capital, par le débit du compte *à capital* des actionnaires, de 1,200,000 fr., et l'administration fait les dispositions pour en opérer le recouvrement.

A mesure que les autres actions se placent, on crédite et on débite les deux comptes ci-dessus, de 2,000 fr. par chaque nouvelle action délivrée, ce qui accroît d'autant le recouvrement à effectuer.

On suit les mêmes erremens pour les à-compte successifs à payer d'année en année.

Il faut observer seulement que toute action qui ne serait placée que dans le cours de la deuxième année devrait donner deux à-compte de 2,000 fr., et ainsi de suite, jusqu'à la cinquième année.

D'ailleurs, pour toutes les opérations courantes, la société anonyme appliquée au commerce, comme nous le supposons ici, tient ses livres, et procède en fin d'année à son inventaire, comme une simple maison de commerce; et il ne nous reste qu'un mot à dire sur les dividendes et les intérêts.

Il est des sociétés anonymes qui confondent les intérêts dans les bénéfices; il en est d'autres qui paient séparément les intérêts et les dividendes; mais dans les deux cas l'opération est uniforme, puisque la quotité des intérêts comme la quotité des dividendes est rigoureusement la même pour chaque action.

Nous serions d'avis, pour un paiement d'intérêts et de dividendes, de suivre une marche analogue à celle indiquée ci-dessus pour le capital. Nous ouvririons donc, au nom de tous les actionnaires réunis, un compte courant au crédit duquel nous porterions en une seule fois, par le débit de profits et pertes, la masse des intérêts ou des dividendes à payer pour un semestre ou pour une année, suivant que la chose serait établie, et par ce moyen on verrait toujours d'un coup d'œil, et à la faveur de l'opération la plus simple, ce qui est payé et ce qui reste à payer. On organiserait d'ailleurs le système de quittances qui serait jugé le plus convenable d'après la nature de l'affaire, pour donner à l'administration et aux actionnaires les garanties qu'ils peuvent désirer respectivement.

Après l'expiration d'un délai fixé, s'il y avait des intérêts ou des dividendes non remboursés, on pourrait balancer le compte par le crédit de profits et pertes, sauf à payer ensuite les actionnaires en retard directement par le débit du même compte, tant qu'il n'y aurait pas prescription.

Peut-être serait-il mieux d'ouvrir à cet arriéré un compte de la même nature que ceux des objets en suspens ou des créances douteuses (83).

Voilà pour les fonds : quant au mouvement des actions, nous concevons qu'on le constate par une espèce de livre en parties doubles.

Il y aurait donc d'abord un compte général des actions, analogue au compte de capital du grand-livre en deniers. A mesure que des actions seraient placées, on créditerait ou déchargerait ce compte général, par le débit des propriétaires d'actions, qui auraient chacun un compte courant ; et dans ces inscriptions, on ne s'occuperait nullement de la valeur des actions, ou du capital qu'elles représentent. Quand ensuite les actionnaires, usant de la faculté qu'ils ont de transmettre à des tiers tout ou partie de leurs actions, notifieraient à l'administration de la société des transferts opérés suivant les formalités convenues, on les créditerait par le débit des nouveaux propriétaires, qui pourraient également se dessaisir à leur tour, en se conformant aux mêmes formalités.

Si, comme il arrive dans plusieurs sociétés anonymes, les statuts admettent des actions *au porteur* transmissibles par simple voie d'endossement, les fonds en sont nécessairement faits en totalité au moment de la délivrance du titre : on peut donc, à mesure du placement des actions *au porteur*, débiter immédiatement le compte de caisse, ou tel autre de ses auxiliaires que de raison, par le crédit de capital ; on fait ensuite rentrer les intérêts et dividendes afférens à ces actions, dans le compte dont l'ouverture est proposée ci-dessus pour les intérêts et dividendes des actions *nominales*.

Quant au mouvement des actions *au porteur*, l'administration de la société n'a pas à s'en occuper, puisqu'elles changent de propriétaires sans sa participation.

Au surplus, en tout ceci, nous sommes loin de prétendre qu'il faille rigoureusement se conformer à toutes les prescriptions précédentes. Les sociétés anonymes sont trop variées dans leurs constitutions et dans l'objet de leurs travaux pour que nous ayons pu tout prévoir, surtout lorsque nous ne les considérions qu'appliquées au commerce ; aussi nous sommes-nous borné à faire des propositions, des indications ; nous avons seulement voulu marquer le but d'une manière générale, et tracer une voie pour y parvenir ; mais il n'est pas douteux qu'on ne puisse en beaucoup de points suivre une autre marche; il en est probablement de plus courtes, de plus sûres; nous invitons à les adopter de préférence; mais il faut qu'elles soient basées sur les vrais principes d'une bonne comptabilité pour qu'elles conduisent à des résultats certains.

DEUXIÈME SECTION.

DE LA BANQUE.

104. La banque et le commerce ont la plus parfaite analogie. Les résultats cherchés sont absolument les mêmes; ce sont des bénéfices réalisés en argent. La seule différence consiste, comme on l'a vu (12), en ce que le commerçant opère sur les marchandises, c'est-à-dire sur des produits naturels ou industriels destinés aux divers usages de la vie, tandis que le banquier opère sur les signes représentatifs des marchandises, c'est-à-dire sur les monnaies réelles ou fictives. Que ces monnaies fassent partie du capital primitif du banquier, ou qu'il se les procure par divers moyens, il tend à les rendre productives, soit en les échangeant contre d'autres valeurs, soit en les prêtant à des tiers sur des garanties réelles ou morales, et moyennant des conditions qui lui laissent un bénéfice à sa satisfaction. Comptabilité du banquier.

Pour suivre l'analogie, on pourrait donc ouvrir sur le grand-livre du banquier un compte général aux *monnaies diverses,* comme objets de spéculation, ainsi que nous en avons primitivement usé pour les *marchandises* dans la comptabilité commerciale, et rapporter sans exception à ce compte unique les produits et les charges de toutes les opérations du banquier.

Mais nous avons reconnu que le négociant avait intérêt à distinguer les diverses sources de ses bénéfices ou les diverses causes de ses dépenses. C'est pourquoi nous l'avons vu successivement subdiviser son compte de marchandises en autant de comptes spéciaux que la nature de son commerce pouvait le lui faire désirer, ouvrir d'autres comptes aux produits des commissions, des assurances, des intérêts et escomptes, enfin aux diverses industries accessoires, de même qu'il en ouvrait pour les frais généraux, frais de maison, intérêts des capitaux primitifs, etc., en un mot pour chacune des diverses charges de son exploitation qui méritaient d'être prises en considération. Enfin, a été créé le compte de profits et pertes, auquel sont venus aboutir par leur solde au débit et au crédit, tous ces comptes divers, et qui par conséquent a présenté les résultats complets et définitifs de la gestion du négociant.

Les mêmes motifs doivent diriger le banquier dans la même voie. Il ouvre des comptes à ses divers genres de spéculation. Ainsi un banquier, ayant beaucoup de correspondans à l'étranger, peut désirer savoir ce que lui produisent ses relations avec l'Angleterre par exemple, avec les Pays-Bas, avec la Suisse; et il ouvre à chacun de ces pays un compte auquel il rapporte les produits et les charges des opérations qu'il fait avec eux. S'il opère sur les fonds publics de divers pays, et sur diverses natures de fonds d'un même pays, il ouvre un compte aux fonds publics français, ou bien des comptes spéciaux aux 5 pour °/₀, aux 3 pour °/₀, aux actions de la Banque; il en ouvre également, dans le besoin, aux fonds publics anglais, napolitains, des Pays-Bas, etc. Prend-il part aux emprunts des divers gouvernemens, il ouvre un compte à *tel* et *tel* emprunt français, à l'emprunt des Cortès d'Espagne, à l'emprunt d'Haïti, etc. Nous n'en finirions pas si nous voulions épuiser une pareille nomenclature; le tout dépend du genre d'opérations auxquelles se livre le banquier, et de la manière dont il les envisage, car il y a beaucoup d'arbitraire dans ces divisions et subdivisions.

Il est entendu que les comptes d'intérêts de capitaux, de frais généraux, de frais de maison, etc., subsistent comme dans une maison de commerce qui fait presque toujours un peu de banque.

Tous ces comptes viennent se fondre par leurs soldes, comme nous l'avons dit tout-à-l'heure, dans le compte de profits et pertes, qui remplit dès lors les fonctions du compte général ouvert *aux monnaies diverses*, comme objets de spéculation, dont nous avons un moment supposé l'existence.

Quant aux comptes de capital, de caisse, d'effets à recevoir, d'effets à payer, et à tous les comptes courans, la théorie et la pratique sont absolument les mêmes que dans le commerce.

Nous devons seulement prévoir un cas qui se présente plus fréquemment dans les maisons de banque que dans celles de commerce, c'est celui où les comptes courans sont assez nombreux pour qu'il soit indispensable d'ouvrir de front deux ou plusieurs grands-livres. Il faut alors que la répartition des comptes entre ces divers grands-livres soit tellement méthodique que l'on n'hésite jamais sur celui qu'il faut ouvrir pour y trouver tel ou tel compte.

Cette division peut être faite par région, par nature d'opérations, par ordre alphabétique, etc.

TROISIÈME SECTION.

DES MANUFACTURES.

105. Point de différence entre les établissemens manufacturiers et les maisons de commerce ou de banque, en ce qui concerne le compte de capital, le compte de caisse et tous ses auxiliaires.

Différence entre la nature des spéculations d'un négociant et celle des spéculations d'un manufacturier.

Nous n'avons à porter notre attention que sur cette partie des comptes correspondant au compte unique de marchandises, tel que nous l'avons maintenu dans les deuxième, troisième et quatrième parties de ce traité, pour rendre la théorie plus simple, et par conséquent plus claire.

Nous avons vu, dans la quatrième section de la quatrième partie, quels avantages, sous le rapport de l'ordre, le négociant a obtenus de la division de ce compte général en plusieurs comptes particuliers; cette mesure est encore plus essentielle dans une manufacture; mais avant de l'établir il est utile de remarquer quelle différence existe entre la nature des spéculations d'un négociant et la nature de celles d'un manufacturier.

D'abord le négociant opère sur des produits naturels ou manufacturés, ordinairement très-variés, qu'il revend dans l'état où il les a achetés; ainsi, lorsqu'il répartit entre plusieurs comptes les marchandises faisant l'objet de son commerce, chacun de ces comptes est débité du prix d'achat en principal et accessoires, et crédité des produits de vente, comme il en serait du compte général de marchandises; il n'y a de différence qu'en ce que les comptes particuliers ne s'appliquent qu'à *telle espèce* ou *tel genre* de marchandises; mais chacun d'eux est complet en ce qui le concerne spécialement, et chacun d'eux fait ressortir, en fin de gestion, une perte ou un bénéfice tout-à-fait indépendant des résultats des autres subdivisions du compte de marchandises.

L'industrie du manufacturier, au contraire, ne tend ordinairement à produire qu'une seule espèce ou un seul genre de marchandises, des fils ou des tissus de coton par exemple, des tissus de laine, des ustensiles de verre ou de cristal, des glaces, du papier, des fers ou des cuirs amenés à l'état où ils sont objet de commerce. Pour obtenir ce produit unique, tantôt le manufacturier s'empare d'un produit brut, tel que de la laine ou des cuirs dans l'état où ils sont lorsqu'on en dépouille les animaux; des grains ou des cotons tels qu'on les récolte, etc.; il les prépare, les transforme, les combine avec des matières accessoires, et les soumet à des manipulations successives; tantôt il réunit plusieurs élémens choisis soit dans les produits naturels, soit dans ceux d'une première industrie; il les soumet d'abord isolément à diverses préparations, les combine ensuite tant entre eux qu'avec des élémens nouveaux, les dénature ou les décompose par voie de fusion, de combustion, de combinaison, de dissolution, de trituration, de distillation, de fermentation, etc., et leur applique ensuite diverses mains-d'œuvre, etc. etc.

Dans tous les cas, le manufacturier ne parvient à obtenir un produit vénal que lorsque toutes les opérations sont terminées, et cela est si vrai, que si, par une cause quelconque, les travaux venaient à être suspendus dans leur cours, il est tel produit intermédiaire dont on ne pourrait obtenir aucun prix, quoiqu'il fût grevé de frais doubles ou triples de la valeur des élémens primitifs.

Différence entre les subdivisions du compte de marchandises chez un négociant et chez un manufacturier.

106. Les comptes que l'on peut ouvrir aux matières premières ainsi transformées ou manipulées n'ont donc pour objet que de faire connaître, non pas immédiatement la perte qu'elles occasionent ou le bénéfice qu'elles procurent, car les produits vénaux peuvent seuls donner de semblables résultats; mais combien les manipulations ou transformations diverses ajoutent successivement à la valeur de ces matières premières.

En un mot, la division des comptes de marchandises se fait chez le négociant par simple voie de partage, et chez le manufacturier par voie d'analyse et de recomposition.

Comptes accessoires au compte de marchandises, et consacrés aux moyens d'exploitation.

107. Mais, indépendamment des comptes ouverts aux matières premières, et aux produits successifs qu'on en obtient pour arriver au produit vénal, nous avons à considérer chez le manufacturier les divers moyens d'exploitation employés par celui-ci, et qui sont habituellement étrangers au négociant.

Ce sont, 1° un immeuble presque toujours couvert de constructions nombreuses, de cours d'eau, de travaux hydrauliques, d'usines accessoires, etc., dont l'entretien est une charge du produit manufacturé;

2° Un matériel plus ou moins considérable en machines et ustensiles de toute espèce, représentant souvent une valeur de plusieurs centaines de mille francs, et dont l'entretien et le renouvellement doivent rentrer dans le prix vénal;

3° Un personnel nombreux et s'élevant, non pas seulement à des centaines, mais quelquefois à des milliers d'ouvriers dont le travail fait une partie notable, et souvent la majeure partie de la valeur de l'objet auquel il est appliqué;

4° Les combustibles, qui dans les arts pyrotechniques jouent un si grand rôle, et dont l'achat occasione de si grandes dépenses ;

5° Et enfin des matériaux de construction ou des approvisionnemens divers, dont nous ne pouvons épuiser la nomenclature dans une démonstration générale, lesquels sont successivement appliqués à l'exploitation, et dont la valeur, jusqu'à concurrence des emplois effectués, doit se retrouver dans celle des produits définitifs de la manufacture.

Nous rangeons naturellement dans la même classe les frais généraux de toute nature qui, chez le manufacturier comme chez le négociant, sont une charge de l'industrie, qui sont même proportionnellement plus considérables chez le premier, et qui, à ce titre, peuvent devenir susceptibles d'un plus grand nombre de subdivisions.

Tous les *principaux* moyens d'exploitation doivent avoir sur les livres d'une manufacture bien ordonnée leurs comptes particuliers ; et pour en faire mieux apprécier les motifs, nous allons en passer quelques-uns en revue.

De l'immeuble.

108. L'immeuble sur lequel est fondée une manufacture n'est réellement qu'un moyen d'exploitation, qu'un grand ustensile dont la valeur foncière absorbe une partie notable du capital de l'établissement, et dont les frais d'entretien et de réparations viennent accroître les frais généraux annuels.

Mais comme cet ustensile est d'une espèce toute particulière, il lui faut ouvrir un compte spécial qui est débité, par le crédit de caisse ou de tel autre compte que de raison, suivant le mode de paiement, 1° de la valeur primitivement donnée à l'immeuble en commencement de gestion; 2° des dépenses faites annuellement, soit pour extensions, acquisitions, améliorations et constructions nouvelles, susceptibles d'ajouter à sa valeur primitive, soit pour entretien et réparations de toute nature.

En fin d'exercice, on détermine pour quelle valeur l'immeuble doit paraître à l'inventaire ; on en crédite son compte par le débit de capital (68), et l'excédant au débit, représentant les frais d'entretien ou la moins-value pour cause de détérioration, forme une des charges grévant le produit manufacturé, et devant, comme tous les frais généraux, entrer dans la composition de son prix vénal.

On crédite enfin de cet excédant, pour balance, le compte d'immeuble par le débit, soit de frais généraux, soit directement, du produit manufacturé.

Quelquefois l'immeuble n'est tenu qu'à loyer, ce qui généralement est une assez mauvaise combinaison ; dans ce cas, on ouvre un compte spécial qui n'est, par le fait, qu'une subdivision des frais généraux, tant pour le prix du bail, que pour toutes les dépenses d'entretien et de réparations à la charge du locataire.

Précautions à prendre pour les constructions nouvelles et pour les travaux extérieurs.

109. Si l'on fait une construction nouvelle dont on veuille se rendre compte particulièrement, on lui ouvre un compte spécial qui est débité de toutes les dépenses qu'elle occasione; et quand elle est terminée, on balance le compte, au crédit, par le débit de l'immeuble, qui se trouve ainsi chargé de toute la dépense, comme s'il en eût été débité directement.

Nous avons dit tout-à-l'heure qu'en procédant à l'inventaire annuel, on créditait le compte de l'immeuble de la valeur qu'on lui donnait, par le débit de capital; cette opération cependant demande des précautions, quand on a fait de nouvelles constructions de la nature de celles dont nous venons de parler.

En effet, un bâtiment neuf, ou l'établissement d'une machine considérée comme immeuble par destination, n'augmente pas toujours la valeur vénale de l'immeuble de toute la dépense qui en est résultée. Il est très-possible qu'en supposant même ce bâtiment ou cette machine bien entretenus, on ne doive pas les considérer comme ajoutant à l'immeuble une valeur vénale de plus de 30,000 fr., quoiqu'ils en aient coûté 50,000. Mais il ne serait pas juste de grever une seule année d'une pareille différence. Dans une telle position, on reporterait les 20,000 fr. de moins-value sur un certain nombre d'années, sur dix par exemple, et on ajouterait chaque année, pendant ces dix ans, 2,000 fr. au crédit de l'immeuble et au débit de frais généraux ou du produit vénal, suivant qu'il y aurait lieu, en sus des frais d'entretien qui auraient été alloués indépendamment de cette circonstance.

La même marche doit être suivie pour des travaux extérieurs, tels que des constructions de chemins, recherches de combustibles, travaux d'assainissement et autres, exécutés dans l'intérêt de l'établissement, mais qui, après leur exécution, ne font réellement pas partie de la propriété, et n'ajoutent pas à sa valeur vénale.

Précautions analogues pour les frais d'acquisition d'un établissement.

110. C'est encore ainsi que nous croyons convenable d'en user pour les frais d'acquisition d'une manufacture qu'on n'est pas censé devoir recouvrer en cas de vente, qui sont par le fait une valeur perdue, et dont il ne serait pas juste de grever une première année de gestion. On en décharge donc l'immeuble, comme il a été dit tout-à-l'heure, par sixième, par huitième ou par dixième, suivant qu'on arrête de répartir la dépense sur six, huit ou dix ans.

Des revenus

111. Si quelques parties de l'immeuble sont susceptibles de produire un re-

venu, on peut ouvrir à ce revenu un compte spécial que l'on crédite par le débit de tel compte qu'il appartient, et en définitive, ce produit doit venir en déduction des intérêts payés pour le capital de l'immeuble, ce qui peut se faire, soit directement, en balançant ce compte au débit par le crédit d'intérêts de capitaux, soit indirectement, en passant l'écriture par le crédit de frais généraux ou du *produit manufacturé*. spéciaux provenant immédiatement de l'immeuble.

112. La marche que nous venons de tracer pour l'immeuble est, en principe général, complètement applicable aux machines et ustensiles considérés comme mobilier, et cela est dans l'ordre, puisqu'on vient de voir que nous considérions l'immeuble lui-même comme un grand ustensile appliqué à l'exploitation. On peut donc leur ouvrir un compte spécial, et cela convient dans les manufactures où les ustensiles sont généralement appliqués au même objet. Des ustensiles.

Dans cette hypothèse, on débite ce compte tant de la valeur primitive des ustensiles en commencement de gestion, que des achats successifs, de la valeur des ustensiles fabriqués dans l'intérieur de l'établissement, et de toutes dépenses relatives à l'entretien et au renouvellement.

On crédite, comme de raison, ce compte, de la valeur des ustensiles réformés ou de leurs débris, soit qu'on les vende, soit qu'on les applique à quelque autre usage, et par conséquent à un autre compte qui en est débité. On le crédite encore en fin d'exercice de la valeur d'inventaire de tous les ustensiles existans, et le solde au débit se compose des frais d'entretien et de renouvellement, ou de la moins-value pour cause de détérioration, qui passent au débit du produit manufacturé à l'exécution duquel ils ont été appliqués.

En cas de renouvellement d'ustensiles de grand prix, des métiers d'une filature, par exemple, dans une proportion beaucoup plus grande que celle que comporte l'entretien annuel, nous recommanderions des précautions semblables à celles indiquées tout-à-l'heure (109) dans la supposition d'une nouvelle construction, afin d'éviter le double inconvénient, ou de grever outre mesure une année de gestion, pour un changement qui tourne au profit de plusieurs, ou de conserver indéfiniment au matériel une valeur qu'il n'a réellement pas.

Mais il est beaucoup de manufactures où il ne serait pas convenable d'ouvrir un compte unique pour tous les ustensiles; ce sont celles où la fabrication est tellement divisée, que chaque partie a ses ustensiles spéciaux parfaitement distincts, ou bien celles où il y a des fabrications préparatoires dont les produits sont parfaits, considérés isolément, mais qui ne sont que les élémens du produit définitif qui doit être livré au commerce.

C'est ainsi, par exemple, que dans une cristallerie, on doit distinguer les ustensiles des verriers, de ceux des tailleurs sur cristaux qui ne peuvent appartenir au même compte; et que l'on doit également s'abstenir de confondre avec ceux-ci les ustensiles servant à la fabrication du minium, à celle de la potasse, des creusets, etc., etc., etc.: tous ces ustensiles doivent rentrer, quant à la dépense qu'ils occasionent, dans le compte ouvert à la partie de fabrication à laquelle ils se rapportent.

Sans doute un manufacturier peut attacher un vif intérêt à avoir constamment sous les yeux un tableau général et résumé qui lui fasse connaître quel rôle jouent, sous le rapport de la dépense, dans les différentes parties de sa fabrication, l'achat, l'entretien et le renouvellement des ustensiles. Aussi lui en fournirons-nous ci-après (116) un moyen fort simple.

Sur ce point, nous renvoyons donc à cet article, ainsi qu'au modèle de registre, n° XIV des tableaux accessoires.

Main-d'œuvre. 113. Il n'importe pas moins à un manufacturier, et sous le rapport de la statistique commerciale, et sous celui de sa satisfaction personnelle, de connaître quelle est la portion de ses dépenses absorbée par les salaires des ouvriers immédiatement occupés par lui, pour chacune des parties de ses travaux.

On suivra donc pour la main-d'œuvre la même marche que pour les ustensiles, c'est-à-dire qu'après avoir débité chaque compte, par crédit de caisse, des salaires d'ouvriers qui s'y rapportent, on en formera, conformément à ce qui est indiqué ci-après (116), un tableau général qui en présentera l'ensemble et le détail, par compte, par mois et par année.

Dans une grande usine il y a toujours des hommes employés à des travaux d'ordre, de propreté, ainsi qu'à des travaux variés et imprévus dont il est difficile de faire rentrer le prix dans les divers comptes spéciaux; ces hommes doivent faire l'objet d'une section distincte dans les états de semaine, de quinzaine ou de mois, et leurs salaires doivent rentrer dans une subdivision des frais généraux, sous le titre de *dépenses diverses et imprévues.*

Combustibles. 114. Nous supposons ici une usine pyrotechnique dont la principale consommation consiste en bois.

On ouvre en conséquence un compte au bois à brûler; on le débite de toutes dépenses d'achats, de transports à l'usine, s'il y a lieu, de tous les frais intérieurs pour rangeage, sciage, fendage, surveillance, distribution, etc.

Si le manufacturier s'est rendu adjudicataire de bois sur pied, voici la marche à suivre.

1° Ouvrir un compte spécial à chaque coupe.

2° Porter au débit le prix d'adjudication, les frais y relatifs, les frais d'estimation, d'exploitation, de surveillance, toutes les charges directes ou indirectes de l'adjudication, enfin les transports jusque dans les chantiers de l'usine.

3° Porter au crédit le produit de toutes les ventes faites hors de l'usine, ainsi que la valeur des bois de construction et autres réservés pour le service de la manufacture, mais pour d'autres usages que le bois à brûler, et dont les comptes compétens sont chargés, de sorte que l'excédant au débit ne représente plus que la valeur du bois destiné à la consommation de l'usine et rentré dans les chantiers du bois à brûler, ce qui donne toute facilité pour tirer le prix moyen de la mesure locale de bois, pour chaque coupe particulièrement.

4° Et enfin, balancer le compte de chaque coupe, en le créditant de cet excédant, par le débit du compte *de bois à brûler.*

Ce dernier compte ainsi chargé du prix coûtant en principal et accessoires de tous les bois préparés pour l'usine, on tient note exacte, mois par mois, de toutes les quantités de bois versées par le garde du chantier aux divers ateliers qui en consomment; quantités qui font l'objet d'un tableau pareil à ceux dont nous avons parlé précédemment à l'occasion de la main-d'œuvre et des ustensiles. En fin d'exercice, on crédite le compte, par le débit de capital, de la valeur des bois non consommés; moyennant quoi, l'excédant au débit ne représente plus que la valeur exacte et totale des bois consommés; on en tire donc les prix par mesure de chaque espèce de bois, et on les applique aux quantités correspondant à chaque compte consommateur qu'on en débite par le crédit du compte de bois à brûler qui se trouve ainsi définitivement balancé.

On opérerait pour les autres combustibles, c'est-à-dire pour les charbons de bois, charbons de terre, etc., etc., comme pour le bois à brûler.

115. Nous admettons que l'on ouvre aussi des comptes à d'autres moyens d'exploitation, tels que les matériaux de construction, l'écurie, et tous autres qui auraient une importance notable, suivant le genre de l'usine. Moyens divers d'exploitation.

Quant à ceux qui sont d'une moindre importance, on les fait rentrer cumulativement dans un même compte, sous le titre de matières ou approvisionnemens divers, ou sous tel autre que comporte la nature des dépenses qu'il s'agit de caractériser.

Tous ceux de ces moyens d'exploitation qui en seraient susceptibles feraient l'objet d'un tableau général à former sur le registre-modèle, n° XIV, dont nous avons déjà parlé; et ceci est particulièrement recommandé pour l'écurie, dont les travaux sont répartis entre les divers comptes au profit desquels les chevaux ont travaillé.

Ce tableau relatif à l'écurie aurait donc pour objet de présenter chaque mois le nombre de journées de chevaux appliquées à chaque compte, journées dont le prix moyen résulterait, en fin d'année, de l'excédant au débit du compte d'écurie, après qu'il aurait été débité de toutes les dépenses d'achat, de nourriture, de renouvellement et d'entretien des animaux, des équipages et ustensiles de toute espèce, et crédité des produits divers, y compris la valeur des animaux et ustensiles réformés, et même des engrais s'ils avaient une valeur notable, ainsi que de la valeur capitale du matériel de l'écurie passant à la charge de l'exercice suivant (68).

Restent enfin, pour épuiser la classe des comptes consacrés aux moyens d'exploitation, les frais généraux réunis en un seul compte ou répartis entre plusieurs, les transports extérieurs et les emballages, si le genre de fabrication et les conditions de vente les comportent ; ces comptes vont naturellement se fondre dans celui des produits manufacturés dont ils deviennent des charges ; et nous n'avons rien à ajouter à ce que nous avons dit à l'occasion de ces mêmes dépenses, en traitant de la comptabilité du commerce proprement dit.

Nous avons donc, par les opérations précédentes, reporté, soit sur les produits imparfaits, ou intermédiaires entre les matières premières et les produits *complètement manufacturés*, soit sur ces derniers, toutes les dépenses occasionées par les moyens d'exploitation de toute nature.

Matières premières.

116. Passant maintenant aux matières premières, nous leur ouvrons un compte unique, si les produits sont simples comme dans une filature ; ou nous en ouvrons autant que de besoin, si les produits sont composés comme dans une fabrique de draps teints, de savon, de glaces, etc., etc., etc.

Point d'explication nouvelle pour le débit : il se compose nécessairement de tout ce qui vient à la charge des matières premières en principal et accessoires.

Quant au crédit, avant de nous en occuper, nous devons faire quelques observations préliminaires.

Nous ferons remarquer d'abord que dans le courant de l'année les matières premières, comme tous les objets de commerce, quoique de même nature, et qui plus est, de même qualité, ne sont pas achetées à des prix uniformes, puisqu'elles subissent l'influence de toutes les circonstances qui font varier les cours du commerce ; les différentes distances des lieux d'extraction, la baisse ou l'augmentation des transports, etc., etc., viennent encore multiplier ces variations. Comme, à moins de se jeter dans des embarras inextricables, on ne peut suivre particulièrement chaque partie, chaque chargement de matières premières, pour en calculer les prix et les appliquer ensuite conformément à l'emploi qui en est fait, toutes ces dépenses d'achat, de transport et autres accessoires viennent se fondre dans le débit du compte unique ouvert à telle ou telle espèce, à tel ou tel genre de matières premières, et ce n'est que d'époque à époque, et ordinairement en fin d'année, que l'on tire les prix moyens exacts résultant de l'application de toutes les dépenses d'achat, en principal et accessoires, aux quantités achetées.

Il s'ensuit que si l'on voulait créditer chaque mois le compte de matières premières, de la valeur des quantités versées à tel ou tel atelier, c'est-à-dire à tel ou tel produit intermédiaire ou définitif qui les aurait absorbées, il faudrait s'engager dans des évaluations nécessairement plus ou moins inexactes, et qu'il faudrait rectifier en fin d'année, suivant qu'elles auraient été trop fortes ou trop faibles. Cette marche n'est pas impraticable sans doute, mais elle est embarrassante, et nous préférons un moyen beaucoup plus simple, pour arriver en définitive au même but.

Il consiste à ouvrir un registre d'ordre présentant à chaque page, 1° une colonne destinée à recevoir les indications des comptes auxquels se rapporteraient les sommes ou les quantités inscrites dans les colonnes suivantes; 2° douze autres colonnes correspondant aux douze mois de l'année; 3° une colonne de totaux; 4° une colonne pour les prix moyens applicables aux quantités totales de l'année; 5° et enfin une colonne pour les produits des prix moyens par les quantités.

On consacrerait une page de ce registre à chacune des matières premières de l'emploi desquelles on voudrait former le tableau, qu'elles aient ou qu'elles n'aient pas un compte spécial au grand-livre; on tiendrait note exacte des quantités successivement versées dans le cours de chaque mois aux divers comptes consommateurs; on rappellerait dans la première colonne verticale chacun de ces comptes consommateurs; on inscrirait en regard, dans la colonne correspondante au mois dont on s'occuperait, les quantités totales consommées dans le mois par chacun de ces comptes, en sorte qu'à la fin de l'année on aurait au bas des colonnes verticales les totaux par mois, et dans l'antépénultième colonne, les totaux par compte, auxquels il n'y aurait plus qu'à faire l'application des prix moyens.

Quant à ces prix moyens, avant de les obtenir, il faut, en procédant à l'inventaire annuel, créditer (68) le compte de matières premières, de la valeur des restans en magasin, par le débit du capital; en effet, cette écriture passée, l'excédant au débit représente la valeur exacte des quantités employées, dont par conséquent le prix moyen se déduit avec toute facilité. Il ne reste donc qu'à appliquer ce prix successivement aux quantités absorbées par chacun des comptes consommateurs, et à les en débiter par le crédit du compte de matières premières, pour que ce dernier se trouve naturellement et définitivement balancé.

C'est précisément une des pages de ce même registre d'ordre dont nous venons de donner la description, que nous avons proposé de consacrer aux ustensiles, à la main-d'œuvre, aux combustibles et à l'écurie, afin d'en résumer les dépenses dans des tableaux raisonnés et méthodiques.

Quoique la forme de ce registre soit fort simple, nous croyons, en raison de son importance, devoir en donner un modèle avec une application, sous le N° XIV des Tableaux accessoires.

Nous aurons d'ailleurs plusieurs occasions de nous référer à cet article, parce que nous croyons utile de faire en beaucoup de circonstances usage du registre en question, que nous considérons comme un dépôt de documens fort précieux pour le manufacturier, et que, pour ce motif, nous désignerons dorénavant sous le titre de *registre statistique*.

Produits intermédiaires entre les matières premières et les produits vénaux ou complètement manufacturés.

117. Les matières premières employées par un manufacturier subissent souvent, comme nous l'avons fait remarquer plus haut (103), plusieurs transformations et manipulations, avant d'être converties en un produit complètement manufacturé, et il en résulte plusieurs produits intermédiaires entre l'état primitif et l'état vénal. Il importe souvent au manufacturier de savoir ce que chacun de ces produits intermédiaires absorbe, soit en matières premières, soit en produits d'un ordre inférieur, soit en frais de main-d'œuvre, d'ustensiles, de combustibles, etc., en un mot, en frais divers d'exploitation; or, le meilleur moyen d'acquérir ces notions est d'ouvrir un compte à chacun de ces produits intermédiaires. On se comporte alors, par rapport à chacun de ces comptes, comme on l'a fait pour les matières premières; autrement dit, on les débite d'abord de tout ce qui vient à leur charge, pour raison de dépenses faites immédiatement par le crédit de caisse ou de ses comptes auxiliaires; on leur consacre sur le *registre statistique* une page où l'on consigne, mois par mois, toutes les quantités versées aux divers comptes qui les absorbent; on les débite, conformément à ce qui vient d'être prescrit (116), de la valeur des matières premières, des combustibles, ou du montant des autres dépenses qui ne peuvent

être fixées mois par mois; on les crédite en fin d'exercice, par le débit de capital (68), de la valeur des produits restant en nature pour le compte de l'exercice suivant; on tire les prix moyens des quantités consommées pendant le cours de l'année, suivant le mode indiqué (116); on balance le compte du premier produit intermédiaire, en le créditant, par le débit des comptes ouverts aux produits subséquens, de la valeur des versemens faits à ces derniers; on balance ensuite, et de la même manière, le compte du deuxième produit intermédiaire; enfin on s'élève ainsi de produit en produit, jusqu'à ce que l'on arrive au produit vénal ou complètement manufacturé, dans le compte duquel tout vient se confondre, et qui se trouve ainsi chargé de toutes les dépenses occasionées par l'achat ou par la fabrication, tant des matières premières, que des produits intermédiaires effectivement absorbés par la formation du produit définitif.

Tous ces comptes se trouvent donc exactement balancés, à l'exception du compte ouvert au produit vénal ou *parfait*, qui présente un excédant de crédit s'il y a bénéfice, ou un excédant de débit s'il y a perte, tandis que le compte de capital présente un excédant en sens inverse, comme nous l'avons vu (40), en procédant à l'inventaire d'une maison de commerce.

Enchaînement des divers comptes principaux ou auxiliaires des produits manufacturés.

118. Ainsi, de même que les comptes des moyens d'exploitation sont venus se fondre dans ceux des produits successifs, les comptes des matières premières et de tous les produits intermédiaires ont également disparu devant le compte unique des *produits parfaits*, auquel ils ont fait place; ce qui prouve sans réplique que tous ces comptes antérieurs ne sont que des auxiliaires du compte ouvert aux produits complètement manufacturés, comme les comptes courans et les comptes d'effets à recevoir et à payer ne sont que des auxiliaires du compte de caisse.

Il est encore à remarquer que cet enchaînement, cette succession de comptes qui viennent en définitive se résoudre en un seul, présentent un tableau fidèle de la marche et des progrès de la fabrication, puisque le manufacturier, par le moyen de toutes les manipulations et transformations dont nous l'avons vu faire usage, ne tend à obtenir qu'un seul produit vénal.

Cette concordance entre les comptes et les procédés nous paraît une heureuse présomption en faveur de la méthode proposée.

Du compte de profits et pertes.

119. Nous nous sommes dispensé de faire figurer jusqu'à présent dans la comptabilité manufacturière le compte de profits ou pertes dont nous avons fait connaître la fonction (82), et dont nous avons ensuite admis l'in-

tervention dans la comptabilité des établissemens de banque et de commerce. En voici le motif :

La véritable fonction du compte de profits et pertes, est d'être le centre auquel viennent aboutir toutes les sources de bénéfices et toutes les causes de dépenses, pour faire ressortir l'excès des unes sur les autres ; mais dans une manufacture telle que nous l'avons supposée pour le développement de notre système de comptabilité, nous n'avons admis qu'un seul produit vénal, et par conséquent qu'une seule cause de recettes ou de dépenses, de pertes ou de bénéfices ; nous n'avions donc pas plus besoin du compte de profits et pertes, que le négociant se livrant exclusivement au commerce proprement dit, et n'ayant ouvert qu'un seul compte de marchandises.

Au surplus, comme le compte de profits et pertes remplit sur les livres des manufactures les mêmes fonctions que sur ceux des maisons de commerce, nous ne pouvons que nous référer à ce que nous en avons dit (82).

Fabrications accessoires.

120. Mais il est des manufactures qui, sans avoir en vue d'obtenir plusieurs produits vénaux, se livrent cependant à plusieurs genres de fabrications, parce que les produits de leurs premières fabrications n'entrent que comme élémens dans le produit vénal qu'ils livrent au commerce.

Nous citerons pour exemple une manufacture d'impressions de tissus qui composerait elle-même ses couleurs, une manufacture de savon qui fabriquerait sa soude et son huile, une manufacture de cristaux qui fabriquerait son minium et sa potasse.

Un manufacturier dont les travaux ne tendraient, par exemple, qu'à produire du *minium*, et dont par conséquent le minium ferait le véritable produit vénal, pourrait se conformer aux erremens tracés ci-dessus d'une manière générale ; mais un manufacturier de cristal qui fabriquerait le minium et la potasse à son usage compliquerait trop ses écritures et ses livres, s'il voulait appliquer la méthode complète à chacune de ses fabrications préalables, et il éprouverait le désir de n'avoir à son grand-livre qu'un seul compte pour le minium, comme l'un des élémens de son cristal, et un pour la potasse ; mais en même temps il ne lui serait pas moins utile de pouvoir toujours se rendre compte, sans se livrer à un travail de longue haleine, du rapport dans lequel les frais de mains-d'œuvre, les frais d'entretien et de renouvellement d'ustensiles, et les frais de combustible, entrent dans le prix coûtant de chacun de ces produits, et cela peut très-bien se faire au moyen du registre *statistique*, puisque, d'après la manière dont nous avons monté ce registre (116), les pages ou chapitres consacrés aux ustensiles, à la main-d'œuvre, au combustible, etc., etc., présenteraient les sommes ou les quantités correspondant à chacun des comptes entre lesquels elles auraient été réparties.

Comme par ce moyen on aurait les totaux de chacune de ces dépenses, rien ne serait plus facile que de déterminer dans quelles proportions elles entrent dans la valeur totale de chaque produit fabriqué.

Cet exemple suffit pour tous les autres genres de fabrications accessoires à une fabrication principale.

Frais généraux et opérations de fin d'année.

121. Nous comprenons dans les dépenses générales les frais de régie proprement dits, c'est-à-dire les traitemens des employés divers, frais de bureau, assurances, contributions, etc., etc., etc., les frais de maison, les intérêts des capitaux, les prix des baux, si tout ou partie de l'usine est à loyer, les frais d'entretien de l'immeuble, les dépenses diverses et imprévues, etc., etc.; enfin toutes dépenses grevant la gestion, sans cependant être de nature à rentrer dans les comptes spéciaux ouverts, soit aux moyens d'exploitation, soit aux produits divers.

C'est la nature de l'établissement qui influe beaucoup sur le nombre des comptes spéciaux (78) ou de subdivisions qu'il est convenable d'admettre pour ces dépenses générales, qui d'ailleurs sont au fond de même nature.

S'il n'y a qu'un produit vénal, tous ces comptes spéciaux affectés aux subdivisions des frais généraux sont balancés au crédit, par le débit du compte ouvert à ce produit.

S'il y a plusieurs produits vénaux, on se comporte, pour charger en une seule fois chacun d'eux de leur portion afférente de frais généraux, comme il a été dit (78) à l'occasion du commerce.

Quant à la balance générale, à l'inventaire annuel, au calcul des bénéfices, à la clôture des comptes de l'exercice expiré, et au passage au nouvel exercice, il n'y a qu'à se conformer aux règles tracées pour une maison de commerce (66, 67, 68, 69 et 70). Les procédés sont absolument les mêmes.

De la comptabilité des matières, approvisionnemens et produits divers.

122. Nous venons d'épuiser la série des opérations relatives aux deniers, à consigner sur les livres. Il n'est pas moins important d'avoir des comptes exacts pour les matières. Nous en avons déjà fait sentir l'importance à l'occasion du commerce; mais l'ordre et la surveillance sont encore plus indispensables, s'il est possible, dans une manufacture, par la raison que les matières passant par tant de mains, se divisant à l'infini, et subissant diverses manipulations et transformations qui exigent des déplacemens sans nombre, le manufacturier est bien

plus exposé que le négociant à être victime du désordre, du gaspillage et des infidélités. Il serait donc à désirer que l'on pût prescrire des formes précises comme pour les comptes en deniers, mais la chose est impossible ; en effet la matière des comptes en deniers étant invariablement la même dans toutes les circonstances, il est tout naturel qu'il y ait des régles communes à tous les établissemens ; mais les spéculations des commerçans et les travaux des manufacturiers portent sur des objets si nombreux et s'exécutent suivant des modes si variés, qu'à moins de nous en tenir à un seul genre d'industrie, nous ne pouvons que renouveler de la manière la plus expresse les recommandations générales que nous avons déjà faites (98). Nous le répétons donc, il faut de l'ordre, il faut un ordre parfait dans une manufacture : il faut de l'ordre, parce qu'il faut de l'économie, parce que sans ordre toute économie est impraticable, et que sans ordre et sans économie la plus belle spéculation, en fait de manufacture, doit devenir ruineuse.

Ainsi toutes les matières premières, les approvisionnemens de toute nature, dès qu'ils entrent en magasin, doivent être méthodiquement classés, sauf toutefois vérification préalable et très-soigneuse des qualités et des quantités, en poids et en nombre lorsqu'il y a lieu ; le tout doit être exactement consigné, jour par jour, sur des registres et carnets régulièrement tenus, et sous la responsabilité réelle ou morale d'employés comptables ou de surveillance.

Mêmes précautions doivent être prises lorsque les matières premières et les produits imparfaits sont livrés aux ouvriers, lorsqu'ils passent d'un atelier à un autre, lorsqu'ils rentrent en magasin, lorsque les combustibles et autres approvisionnemens sont livrés aux divers ateliers, lorsque les produits définitifs sont rapportés au magasin, enfin lorsqu'ils sortent pour être emballés et expédiés.

Il faut que des registres réguliers, tenus au bureau central sous les yeux du chef ou du directeur de l'établissement, présentent, d'après les carnets des comptables ou surveillans spéciaux, ou des extraits remis par ceux-ci, les mouvemens en entrée et en sortie des matières premières, des combustibles et approvisionnemens divers, des produits successifs résultant des manipulations et transformations, y compris les derniers produits livrables au commerce.

Il faut, lorsqu'une même matière, par le simple travail qui y est ajouté, subit diverses transformations, qu'un même registre, à plusieurs colonnes du côté de l'entrée et du côté de la sortie, présente le mouvement des diverses transformations, et de telle manière que l'on reconnaisse de suite ce que chaque transformation a fait perdre ou gagner en poids ou en quantité.

Il faut que ces registres soient tellement disposés, qu'à toute époque, et notamment à la fin de chaque mois, ils fassent, par l'addition des deux dernières pages, ressortir les quantités disponibles, et qu'on puisse, pour ainsi dire, faire l'inventaire des approvisionnemens, matières premières et produits de toute nature, sans entrer dans les magasins et ateliers.

Situation en matières.

123. Il faut encore qu'à la faveur de ces registres et des renseignemens sur lesquels on les remplit, on établisse chaque mois une situation en matières des principaux produits et approvisionnemens, présentant pour chaque objet l'existant en magasin au commencement du mois, les entrées et les sorties pendant le cours du mois, enfin le restant en magasin à la fin du mois.

De pareilles situations permettent toujours au chef d'un établissement d'aviser en temps utile aux moyens à prendre pour ne pas se trouver au dépourvu.

Il faut enfin que, d'après les mêmes documens, on prépare les relevés généraux des livraisons faites chaque mois aux différens ateliers, en matières premières, produits successifs, combustibles et approvisionnemens divers, et dont il doit être fait inscription aux divers chapitres du *registre statistique*.

Situations en deniers.

124. Le même esprit d'ordre et de prévision qui déterminent un manufacturier à rédiger des situations en matières, doit le porter à en établir deux autres, destinées, l'une à présenter le montant en argent, réel ou présumé, des charges et des produits des fabrications mensuelles, de manière à pouvoir comparer les résultats des travaux de chaque mois; l'autre, à présenter le mouvement de toutes les valeurs de caisse, de porte-feuille et en comptes courans; c'est-à-dire les recettes et entrées, d'une part, avec indication des origines; et les dépenses et sorties, d'autre part, avec indication des emplois.

Ces situations sont utiles dans tous les cas; mais nous les recommandons particulièrement dans les associations dont les gérans doivent rendre compte à des co-intéressés.

Tableau comparatif des dépenses et des produits de fabrication.

125. La première se divise en deux parties distinctes, dont l'une présente les dépenses effectives ou présumées du mois, et l'autre la valeur présumée des produits de fabrication, de manière à faire ressortir les bénéfices de chaque mois. Point de doute sur ce point, que les évaluations en argent des produits de la fabrication, et par conséquent les bénéfices, ne peuvent être que présumés, et la moindre réflexion fera reconnaître qu'il en est de même des dépenses, du moins pour une grande partie. En effet, on doit d'abord remarquer que comme il s'agit de comparer les résultats des travaux des mois successifs entre eux, il faut prendre pour base des prix moyens qui s'appliquent à toute l'année; or les

véritables prix moyens ne peuvent s'établir qu'en fin d'exercice, puisqu'on ignore quels seront les prix successifs d'achat; de plus, il est, indépendamment des dépenses générales de toute espèce, d'autres moyens d'exploitation qui occasionent des dépenses très-inégales de mois en mois, et qui cependant doivent grever également chacun des douze mois; ce sont, entre autres, les constructions temporaires, comme les fours des verreries et faïenceries, et les hauts fourneaux des maitres de forge, les réparations de l'immeuble, l'entretien et le renouvellement des ustensiles, etc., etc. : il faut donc se borner à des évaluations.

Ainsi le mérite de ces situations consiste à fixer en avance les prix moyens les plus probables possibles. Sans doute les douze situations réunies différeront toujours plus ou moins de la réalité, en ce qui concerne le bénéfice, et elles en différeront d'autant plus qu'il surviendra dans les prix des matières premières et des approvisionnemens divers plus de variations non prévues par le manufacturier; mais indépendamment de ce qu'en-deçà ou au-delà des prévisions d'un homme exercé, les circonstances favorables et défavorables se compensent ordinairement en grande partie, on ne doit pas perdre de vue que cette situation, que nous nous bornons à qualifier d'approximative, a pour objet principal de comparer les travaux plutôt que les bénéfices de chaque mois, objet qui ne serait pas rempli si l'on n'adoptait pas des données moyennes pour les consommations, pour les dépenses générales, et pour les produits de fabrication pendant les douze mois.

Nous donnons, sous le N° XV des Tableaux accessoires, un modèle de cette situation *approximative*, appliquée à une industrie, et qui pourra être adaptée à toutes les autres, moyennant les modifications suggérées par les circonstances particulières dans lesquelles on se trouvera.

Situation du compte de caisse et de ses auxiliaires.

126. Quant à la deuxième situation, elle est précise, elle est exacte, parce qu'elle est fondée sur des écritures effectives. Elle a un double objet : le premier est de donner, d'après les livres, la situation, à la fin du mois, de la caisse, du porte-feuille, des effets à payer et des comptes courans, afin d'apprécier les besoins et les ressources de l'établissement pour le mois suivant. Le deuxième est de faire connaître de quelles sources provenaient les valeurs rentrées, et quel a été l'emploi de celles dépensées pendant le mois écoulé.

La situation présente donc des têtes de colonnes destinées à recevoir, la première, le titre des comptes auxquels se rapportent les recettes et les dépenses; les quatre suivantes, les inscriptions concernant la caisse, les effets à recevoir, les effets à payer et les comptes courans réunis en masse comme s'il n'y en avait qu'un seul; la sixième, les totaux des recettes ou dépenses de chaque mois, correspondant à chacun des comptes inscrits dans la première colonne.

Le premier compte inscrit dans la partie de la situation consacrée aux recettes est nécessairement celui de capital, pour le premier mois d'activité d'un établissement ou d'une société. On porte donc en regard, dans les colonnes compétentes, les valeurs dans lesquelles le capital a été réalisé. S'il s'agit seulement du premier mois d'un exercice postérieur au premier, cette première ligne est consacrée au rappel des valeurs de caisse, de porte-feuille et en comptes courans, qui se trouvaient disponibles à la fin de l'exercice précédent, et qui avaient à ce titre été portées au débit de capital en balançant les comptes (68); et dans ce cas, la première ligne, dans la partie des dépenses, est consacrée aux excédans de débit des comptes courans et des effets à payer qui, dans la même circonstance, avaient été portés au crédit de capital.

Enfin, s'il s'agit d'un mois postérieur au premier mois d'un exercice, la première ligne à l'actif et au passif est consacrée au report des totaux du mois précédent.

Quant aux autres lignes horizontales à l'actif et au passif, elles sont remplies, conformément aux écritures de chacun des comptes au grand-livre, sauf la précaution de vérifier s'il n'y aurait pas quelques contre-écritures du montant desquelles il y aurait à faire déduction.

Par ce moyen, on aura donc dans la colonne des totaux, en regard du titre de chaque compte, ou de chaque collection de comptes à laquelle on aura réservé une ligne, le total des recettes ou des dépenses effectives qui s'y rapportent.

Il en résulte que dans la situation du deuxième mois d'un exercice, en rapportant dans une septième colonne les totaux du mois précédent, on aura dans une dernière colonne les totaux réunis des deux mois, correspondant aux divers articles. De même, en rapportant dans la situation du troisième mois les totaux des deux mois précédens, on aura dans la dernière colonne les totaux pour trois mois, et ainsi de suite de mois en mois, pour quatre, cinq, six mois, etc., jusqu'à la fin de l'exercice.

Ainsi, sans autre peine que celle de transcrire les totaux par article des mois antérieurs, totaux que l'on trouve tout formés dans la situation précédente, chaque situation aura l'avantage de présenter en regard de chaque article, non-seulement les produits ou les charges effectives du mois, mais encore ceux depuis le commencement de l'exercice, jusqu'à l'époque à laquelle s'arrête la situation. Cependant, comme par le fait, les deux colonnes présentant ces résultats généraux par article ne font pas partie essentielle de la situation du mois, on ferait bien de contracter l'habitude de les remplir à *l'encre rouge*.

Des viremens. 127. Mais ce n'est pas seulement le montant de l'actif ou du passif, se rapportant à chacun des articles, que la situation doit présenter; elle a aussi pour objet principal, comme on l'a vu plus haut, de faire connaître à la fin de chaque mois les soldes au débit ou au crédit de caisse, des effets à payer, des effets à recevoir, et des comptes courans. Or les mouvemens occasionés à l'actif et au passif par les produits réalisés et les charges effectives ne suffisent pas pour donner ces situations spéciales. En effet, il est beaucoup d'opérations qui changent la situation particulière des comptes ci-dessus désignés, sans modifier en rien la situation générale de la maison; ce sont toutes celles qui se passent entre le compte de caisse et l'un de ses auxiliaires, ou entre deux de ces derniers.

Pour s'en rendre raison, il suffit de se rappeler (49 et 63) que les comptes de caisse, d'effets à recevoir, d'effets à payer, et tous les comptes courans doivent être assimilés aux différentes divisions, aux différentes cases dont serait composée une seule caisse; faire une opération entre deux de ces comptes, revient donc à faire passer de l'argent d'une des cases d'une caisse dans une autre case de la même caisse, ce qui ne change en rien la situation de la caisse ni de son propriétaire.

On ajoutera, s'il est possible, à cette conviction, par l'observation suivante : c'est que l'on ne s'enrichit ni ne s'appauvrit en payant une dette, en encaissant une créance, en faisant un emprunt ou un prêt, en acquittant une dette par le transport d'une créance, enfin en acceptant une créance en paiement d'une autre créance, puisque, dans toutes ces hypothèses, l'actif et le passif augmentent ou diminuent précisément de la même somme. Or on ne peut supposer aucune écriture entre les comptes en question, qui ne rentre dans l'une des six opérations ci-dessus rappelées, et par conséquent il n'en est aucune qui affecte la situation générale de la maison qui l'a faite.

Cependant, puisque toutes ces opérations portant le nom de *viremens*, n'en modifient pas moins les comptes entre lesquels elles se passent, elles doivent figurer dans une situation *au vrai* en deniers; mais elles doivent figurer pour des sommes égales à l'actif et au passif, tandis que les recettes et dépenses effectives ne sont inscrites que d'un côté ou de l'autre.

La distinction d'ailleurs est très-facile à faire sur les livres, puisqu'un *viremen*: se passe toujours entre les comptes réels ou auxiliaires de caisse, tandis qu'une recette ou dépense effective se rapporte, d'une part, au compte de caisse ou à l'un de ses auxiliaires, et d'autre part à l'un des comptes principaux ou auxiliaires des spéculations de la maison.

Au surplus, afin de distinguer encore plus facilement les *viremens*, dans les dépouillemens à faire sur les livres pour établir une pareille situation, nous conseillons de les marquer sur le grand-livre d'un trait caractéristique, de la lettre initiale *V*, par exemple, ou de tout autre signe.

Une pareille précaution pour les contre-écritures serait également utile, mais en adoptant un autre signe de reconnaissance.

D'après la différence essentielle qui existe entre les *viremens* et les *recettes* et *dépenses effectives*, nous croyons convenable de ne les porter à l'actif et au passif qu'après avoir totalisé ces dernières.

On trouvera, sous le N° XVI des Tableaux accessoires, un modèle d'une situation de mois en deniers, dont on pourra, par analogie, faire l'application à tel genre de manufacture que besoin sera.

QUATRIÈME SECTION.

AGRICULTURE.

Un établissement agricole est une véritable manufacture. Conséquences qui en dérivent.

128. Un établissement agricole a pour objet d'obtenir des produits vénaux à la faveur soit du travail manuel, soit de machines, d'ustensiles et de bêtes de somme ou de trait, facilitant ou suppléant le travail manuel. *Un pareil établissement est donc une manufacture dans la force du terme.*

Si cette proposition est vraie, tous les faits constatés dans la section précédente doivent trouver leurs analogues, tous les principes reconnus doivent trouver leur application, dans un établissement agricole.

En effet, de part et d'autre il faut un capital primitif qui est fixe, si l'établissement appartient à une association, et qui peut être variable, comme nous l'avons vu (24), si l'établissement est une propriété individuelle. De part et d'autre nous distinguons des moyens d'exploitation et des produits d'exploitation.

Les moyens d'exploitation sont : 1° l'immeuble, c'est-à-dire le sol de la ferme et les bâtimens construits sur sa superficie; 2° les semences; 3° un personnel d'ouvriers et d'employés, proportionné à l'importance de l'établissement; 4° des bêtes de somme et de trait avec tous leurs équipages; 5° des troupeaux de bêtes à laine et de bêtes à cornes; 6° des ustensiles de toute nature propres à ce genre d'exploitation; 7° les engrais, etc.; enfin, les diverses dépenses générales, telles que frais de maison, intérêts de capitaux, entretien de l'immeuble, etc.

Les produits d'exploitation sont, les grains, les fourrages, les vins et cidres, les huiles ou les graines oléagineuses, les plantes sarclées, les bois, les produits de la basse-cour, etc.

Il est vrai que quelques-uns de ces objets remplissent la double fonction, puisque, par exemple, on prend sur les grains les semences de l'année suivante et une partie de la subsistance de la maison et des ouvriers, comme on prend sur les fourrages ce qui est nécessaire pour la nourriture des bestiaux; mais en créditant les comptes de grains et de fourrages de la valeur de ces prélèvemens, par le débit des comptes auxquels ils sont affectés, c'est comme si les grains et fourrages prélevés étaient vendus, c'est aussi comme si on les achetait pour se procurer les moyens d'exploitation dont on a besoin, et tout rentre dans l'ordre et conserve sa classification.

Les troupeaux jouent aussi un rôle mixte, puisqu'ils sont généralement considérés comme moyens indispensables d'exploitation, à raison des engrais qu'ils procurent, et que d'ailleurs ils produisent la laine, les élèves dont on peut faire le commerce, et les bêtes grasses ou réformées destinées à la boucherie; mais en les créditant des engrais qu'ils procurent et auxquels on ouvre un compte spécial, ils ne font plus que l'objet d'un compte de produits, puisque par le fait tous les individus composant un troupeau sont destinés à être vendus successivement.

En créditant au contraire l'écurie, de la valeur des élèves ou des chevaux réformés et vendus, on voit qu'elle ne doit plus être considérée que comme un simple moyen d'exploitation.

Mais si l'un des buts principaux de l'établissement était l'éducation des chevaux, leur compte devrait prendre place parmi les comptes de produits, et on en ferait sortir par des articles de crédit, rentrant au débit des comptes affectés aux moyens d'exploitation ou d'autres comptes de produits, 1° les engrais qu'on en obtiendrait; 2° les journées de chevaux et d'hommes appliquées à des travaux étrangers à cette éducation, mais relatifs à d'autres parties de l'exploitation.

Quant au compte de caisse et à ses auxiliaires, ainsi qu'au compte de capital, nous n'avons rien à en dire, puisque le compte de capital (80) est unique dans tous les cas possibles, puisque, dans quelque établissement que ce soit, le compte de caisse et ses auxiliaires admettent les mêmes formes, tendent au même but, et ne sont (68 et 69) que des intermédiaires entre le compte de capital et les comptes affectés au genre d'industrie qui fait l'objet de l'établissement.

A la rigueur, d'après l'exacte assimilation entre une ferme et une manufacture, nous pourrions nous en tenir à ces généralités, et nous en référer pour le surplus à la section précédente traitant des manufactures; cependant, à raison de la nouveauté et de la spécialité du sujet, nous allons confirmer la théorie en l'appliquant à quelques genres de produits agricoles, et en partant d'un commencement d'établissement. Mais comme il faut avoir des moyens d'exploitation avant d'obtenir des produits, nous allons passer ces premiers en revue, après toutefois avoir fixé l'époque à laquelle sera arrêtée la comptabilité de chaque année.

Pour procéder à un inventaire annuel, il convient que toutes les récoltes, sans exception, soient faites, ce qui généralement en France n'a pas lieu avant le 1er novembre, et même pour quelques objets, pour les huiles d'olive par exemple, avant le mois de décembre; c'est donc à la date du 1er janvier que doit s'opérer le passage d'un exercice à l'autre.

Nous arrivons maintenant aux moyens d'exploitation.

129. Que l'immeuble appartienne à l'établissement ou qu'il soit à loyer, il faut opérer précisément comme il est dit (108 et 109) à l'occasion de l'immeuble d'une manufacture. De l'immeuble.

Mais il est par rapport à l'immeuble une troisième situation, c'est celle où l'une des conditions du bail impose au preneur l'obligation d'abandonner au propriétaire tout ou partie des constructions que ce premier aura faites sur l'immeuble pendant le cours de sa jouissance.

Cette hypothèse se réalise maintenant dans *l'importante institution agronomique de Grignon*, où, par un acte de la munificence royale, l'établissement jouit gratuitement de l'immeuble pendant quarante ans, sous la condition que toutes les constructions faites sur le sol et pour une valeur de 300,000 fr. au moins, appartiendront à la couronne, à l'expiration de la jouissance.

Il convient alors d'ouvrir un compte à ces constructions. Si l'on doit en laisser pour une somme fixe, avec condition d'être remboursé du surplus, on divise la somme totale non recouvrable, par portions égales, entre chacune des années de jouissance, et à chaque inventaire annuel l'on crédite d'une de ces portions le compte de ces constructions, par le débit de frais généraux.

Ce compte prend son rang parmi les comptes courans ordinaires, et le solde au débit, à la fin de chaque année, représente une valeur capitale dont le compte est crédité pour balance, par le débit de capital (68).

Mais pour ne pas maintenir un capital nominal qui ne serait pas réalisé à la fin du bail, il est également convenable de décharger le compte à la fin de chaque année, par le débit de frais généraux, d'une somme quelconque pour une portion proportionnelle de la moins-value présumée, autrement dit de la différence entre la valeur qu'auront les constructions en fin de bail et leur prix coûtant, de telle manière qu'à l'époque de la remise au propriétaire le compte ne soit plus chargé que du montant présumé dont le fermier aurait à réclamer le remboursement.

Si toutes les constructions doivent être abandonnées, leur compte doit être déchargé annuellement d'une portion de l'excédant au débit, proportionnelle au nombre d'années de jouissance restant à courir, de manière que le solde au débit diminue d'année en année, et devienne entièrement nul à l'expiration du bail.

Rien de plus simple que cette marche, qui n'entrave les comptes en aucune manière.

Des semences. 130. Les semailles ont ce caractère particulier, qu'elles se font en grande partie avant l'ouverture de l'exercice auquel elles appartiennent, à moins qu'on ne veuille prendre pour terme de l'exercice une époque antérieure à la rentrée de toutes les récoltes, ce qui présenterait pour la comptabilité des difficultés beaucoup plus grandes.

Pour la première année d'établissement, cependant, les choses se passent dans l'ordre naturel. Quelle que soit l'époque à laquelle on achète les semences, on en charge le compte auquel elles doivent être appliquées, c'est-à-dire le compte des céréales, si on confond tous les grains proprement dits dans un seul compte, ou le compte du froment, du seigle, suivant les divisions qu'on aura adoptées.

Le chef d'un établissement agricole peut et doit attacher de l'intérêt à réunir en un seul tableau la dépense totale occasionée par les semences confiées à la terre dans le cours de l'exercice, afin de pouvoir en tirer le rapport avec la valeur des produits; ce but peut être atteint facilement en consacrant aux semences une page d'un registre statistique semblable à celui dont nous avons parlé (116) à l'occasion des manufactures, et dont nous proposons d'établir l'analogue dans les établissemens agricoles. Ainsi on porterait chaque mois sur cette page, en regard de chacun des comptes pour lesquels il aurait été fait des emplois de semences, leur valeur en argent, et par ce moyen on aurait à la fin de l'année le total de la valeur des semences pour chaque compte.

Voilà pour les semences de la première année; mais arrivera l'époque des semailles des grains d'hiver de la deuxième année avant l'expiration de la première, et cette observation s'applique à plus forte raison aux labours et aux engrais qui précèdent l'enfouissement des semences. Il s'agit donc d'avances à faire par l'année courante au deuxième exercice. Dans cet état, l'agriculteur doit ouvrir, sur ses livres du premier exercice, un compte au deuxième exercice qu'il débite du montant de toutes les dépenses sans exception faites pour ce dernier jusqu'au 31 décembre inclusivement. Ce compte, ouvert à l'exercice suivant, serait rappelé toutes les fois qu'il y aurait lieu, sur les diverses pages du registre statistique, pour recevoir en regard les inscriptions qui le concerneraient.

Le montant du débit de ce même compte est vraiment un capital appartenant à l'exercice courant, et prêté au suivant; aussi, en procédant à l'inventaire annuel, balance-t-on ce compte par le débit de capital, comme on en use (68) pour toutes les valeurs existant en fin d'exercice, et devant passer à l'exercice suivant. Par une conséquence nécessaire, sur les livres du deuxième exercice, et à la date du 1er janvier, on crédite de la même somme le compte de capital par le débit d'un compte ouvert au premier exercice, mais ensuite on balance ce dernier compte, en le créditant par le débit de tous les comptes auxquels se rapportent les diverses avances faites par le premier exercice, en sorte que les choses se retrouvent précisément au même état que si toutes ces dépenses s'étaient faites le 1er janvier.

Il est évident qu'à cette époque il n'y aurait plus rien d'incertain, même sur les dépenses dont le taux n'est réglé qu'en fin d'exercice, puisque ce travail ne se ferait qu'après la clôture du précédent inventaire, et par conséquent après qu'on aurait pu remplir toutes les sommes, ou appliquer les prix moyens à toutes les quantités portées sur le registre statistique du premier exercice(116).

Au surplus, pour ne pas confondre sur ce registre du deuxième exercice les inscriptions des avances faites à cet exercice, avec les dépenses effectivement faites en janvier, nous conseillons d'ouvrir, en avant du mois de janvier, une colonne destinée à recevoir en regard de chaque compte le montant de ces avances, de sorte que le registre statistique à l'usage des établissemens agricoles aurait une colonne de plus que celui des manufactures.

Ce qui précède est nécessairement applicable aux semences des prairies artificielles, que l'on fait souvent en même temps que l'on sème un grain de printemps; dans ce cas, la semence en grain printanier est bien à la charge de l'année courante, mais la semence de la prairie artificielle et toute la partie des frais d'engrais et de culture, qu'on voudrait y rapporter, ne sont que des avances faites à l'année suivante.

Nous reviendrons plus bas, en tant qu'il y aura lieu, sur ce qui concerne cette portion de frais d'engrais et de culture.

Les semences nous ont amené à traiter d'une manière générale la question des avances à faire par chaque exercice au suivant, c'est pourquoi nous aurons souvent occasion de nous référer au présent article.

Main-d'œuvre. 131. La marche à suivre est parfaitement conforme à celle tracée (113) pour la main-d'œuvre des manufactures, tant pour les écritures au journal et au grand-livre, que pour les inscriptions à faire au registre statistique.

Écuries. 132. Les écuries, c'est-à-dire l'achat des bêtes de somme et de trait, des équipages, charrues, herses, etc., la nourriture des animaux, leur entretien et celui de leurs équipages, les salaires des hommes occupés à les soigner et à les conduire, etc., forment l'objet d'un compte spécial. Dans les frais de nourriture se trouve nécessairement comprise la valeur des avoines, pailles et fourrages provenant de l'établissement, et dont les comptes de produits doivent être crédités.

Nous ne pouvons que nous référer en ce qui concerne ce compte, à ce que nous avons dit (115) pour les écuries des manufactures. La seule différence consiste en ce que l'écurie joue un bien plus grand rôle dans l'agriculture; mais la marche est précisément la même. Nous ferons cependant remarquer que les engrais provenant de l'écurie méritent une attention particulière. (*Voir* ci-après l'article *Engrais.*) Même recommandation pour l'inscription au registre statistique, des journées de travail à la charge de chacun des comptes auxquels elles ont été appliquées.

Au nombre des comptes auxquels se rapportent les travaux des écuries, et qui doivent en être débités en fin d'année, d'après les inscriptions au registre statistique et le prix moyen des journées de chevaux ou de voitures, tiré comme il est dit (115), se trouve nécessairement celui ouvert à l'exercice suivant pour avances à lui faites, et sur ce point nous ne pouvons que renvoyer à ce que nous avons dit tout-à-l'heure à l'occasion des semences (130).

Si l'établissement employait des bœufs et des chevaux, on fixerait des prix de journée différens, et l'on consacrerait deux chapitres distincts au registre statistique, pour présenter la distribution des journées de travail des uns et des autres et l'application des prix.

Peut-être serait-il plus commode de faire avec l'écurie des espèces d'abonnement pour certains travaux, et fixer, par exemple, des prix par arpent, pour premier labour, deuxième labour, hersage, etc.; et dans ce cas on créditerait immédiatement l'écurie aussitôt que les travaux seraient exécutés. Toutes ces modifications dépendent de la manière dont le chef de l'établissement envisage son exploitation.

133. A leur débit, valeur du troupeau en commencement d'exercice, sa nourriture, l'entretien du mobilier de la bergerie, les salaires des bergers et surveillans, etc.; à leur crédit, la valeur des engrais sur une base convenue, celle des bêtes vendues, des laines, du troupeau à l'époque de l'inventaire, après quoi on finit par débiter ou créditer le compte, de l'excédant au crédit ou au débit, par le crédit ou le débit de profits et pertes, suivant que la balance est favorable ou défavorable. Bêtes à laine.

Il est à remarquer que, si par l'effet de la multiplication, ou de procédés d'amélioration et de perfectionnement, quels qu'ils soient, les troupeaux ont augmenté de valeur, ce supplément de valeur a été porté au crédit du compte en fin d'exercice, et reparaît au crédit de profits et pertes, puisque l'excédant au crédit du compte des bêtes à laine s'accroît d'autant plus que le troupeau a reçu une plus grande valeur, et que c'est cet excédant qui, lors de la balance des comptes, est transporté au crédit de profits et pertes.

134. Si l'étable n'est pas d'une importance notable, on peut la confondre avec le compte général de la basse-cour dont il sera parlé ci-après, à moins qu'on ne veuille en faire un objet d'étude. Bêtes à cornes.

Dans le cas où, par un motif quelconque, on lui consacre un compte spécial : porter au débit la valeur en commencement d'exercice du matériel de l'étable et de la laiterie en bestiaux et ustensiles, la nourriture et le renouvellement des premiers, l'achat et l'entretien des ustensiles, etc. Au crédit : valeur des engrais, produits de la laiterie en lait, beurre et fromages, valeur des bêtes vendues, valeur du troupeau en fin d'exercice; enfin, balance du compte par profits et pertes, comme pour les bêtes à laine.

135. Quoiqu'on doive attacher un très-grand intérêt au perfectionnement des instrumens d'agriculture, et que ce perfectionnement concoure beaucoup au succès de l'exploitation, il est bien constant que, sous le rapport de leur valeur, les ustensiles n'ont pas, à beaucoup près, autant d'importance dans les exploitations Ustensiles.

agricoles que dans les manufactures. Il est donc superflu de leur ouvrir un compte particulier. Les instrumens d'agriculture ont une destination spéciale, et par conséquent ils se rattachent nécessairement à un compte ou à l'autre; on chargera donc ce compte de leur valeur primitive, de leur entretien, de leur renouvellement, et on le créditera de la valeur de ces ustensiles en fin d'exercice.

Mais si, comme cela peut arriver, et notamment dans des fermes modèles, comme à *Grignon* et à *Rouville*, il y avait une fabrique d'ustensiles qui produisît tant pour les besoins de l'établissement que pour la vente à l'extérieur, alors elle aurait son compte, comme une fabrication accessoire dans une grande manufacture (120), et après avoir été débitée de tout ce qui viendrait à sa charge, elle serait créditée de la valeur des ustensiles livrés aux diverses parties de l'établissement, comme de ceux vendus au dehors, et l'on trouverait une balance en perte et en bénéfice, qui irait se fondre dans le compte de profits et pertes.

Engrais et amendemens. 136. Les engrais et amendemens jouent un trop grand rôle dans l'agriculture, ils entrent pour beaucoup trop dans l'intérêt qu'on attache à avoir des troupeaux de diverses espèces, pour qu'on ne leur ouvre pas un compte spécial qui présente le tableau complet de leur origine, de leur valeur et de leur emploi.

On porte au débit de ce compte le prix de tous les achats faits, de tous les travaux exécutés pour s'en procurer. Il est moins facile de déterminer la valeur des engrais provenant des écuries, étables, bergeries, etc.; mais il faut renoncer à une perfection imaginaire et se contenter d'évaluations. On peut d'ailleurs adopter plusieurs modes pour faire ces évaluations, mais le plus simple peut-être, pour fixer le crédit à donner aux comptes producteurs d'engrais, serait de simuler avec chacun d'eux une espèce d'abonnement pareil à celui que font des cultivateurs avec des troupes de cavalerie ou avec des particuliers habitant les villes, et qui est réglé à *tant* par mois et par tête de cheval. On voit combien il serait facile à la fin de chaque mois de créditer les comptes d'écurie, de bêtes à laine, etc., par le débit d'engrais.

Quant au crédit, dans le cours de l'année, on se bornerait à consigner chaque mois sur le registre statistique combien on aurait appliqué de voitures de fumier à tel ou tel compte producteur, en les ramenant toutes à des voitures de même force, en sorte que de simples additions en donneraient le total par compte pour toute l'année, et le total général.

En fin d'exercice, on évaluerait d'abord en masse les fumiers et engrais existant en nature, pour en créditer le compte d'engrais par le débit de capital, et l'excédant au débit représenterait la valeur exacte des fumiers employés, après quoi il ne resterait qu'à tirer le prix moyen de la voiture de fumier, à l'appliquer au nombre de voitures correspondant à chaque compte, et à balancer définitivement le compte d'engrais suivant la marche indiquée précédemment pour le compte des écuries (115 et 132).

Le compte d'engrais et amendemens se trouve dans le cas prévu (130 et 132) à l'occasion des semences et des écuries, c'est-à-dire qu'il fait toujours des avances à l'année suivante; cette hypothèse se réalise d'abord pour tous les engrais jetés, dans le cours de l'année, sur la sole des grains d'hiver, et qui appartiennent nécessairement à la récolte suivante; elle peut se présenter encore pour les prairies artificielles qu'on sème en même temps qu'un grain de mars qui se récolte dans l'année courante, tandis que la première récolte de prairie artificielle ne sera que pour l'année ou les années suivantes. La question consiste à savoir si l'agriculteur veut faire supporter à sa récolte de grains de mars tous les frais de culture et d'engrais, ou s'il veut les reporter, en partie plus ou moins grande, sur la prairie artificielle.

Avances à reporter sur plusieurs années consécutives.

137. Nous devons même, pour aller autant que possible au-devant de toute difficulté, prévoir l'hypothèse où une seule semence devant, comme la luzerne par exemple, produire 6, 8, 10 récoltes consécutives, on voudrait répartir les premiers frais de labour, d'engrais, de semence et de culture, dans une proportion quelconque, entre ces diverses récoltes.

Dans ce cas, nous conseillons d'ouvrir un compte courant spécial aux avances faites à cette luzerne, lequel compte devient débiteur de ces avances, comme le serait un correspondant auquel on aurait prêté une pareille somme. Mais comme cette opération doit être traitée absolument de la même manière que celle dont nous allons nous occuper à l'occasion des avances à faire pour la création d'un vignoble, pour ne pas nous répéter sans nécessité, nous nous référons, pour le mode d'exécution, à l'article ci-après (140).

Pareil compte spécial doit être ouvert toutes les fois que l'on veut se rendre compte avec précision, des résultats d'une opération exigeant des avances dont on n'est couvert qu'après plusieurs années.

Grains.

138. On peut comprendre dans un seul compte tous les grains proprement dits, c'est-à-dire les fromens, seigles, orges, épeautres, avoines, ou bien ouvrir un compte spécial à telle ou telle espèce de grains, à la volonté du cultivateur.

Le compte doit être débité de toutes les dépenses faites pour labour, engrais, semence, culture, moisson, transport, battage, vannage, etc.; en un mot de tous les frais sans exception, jusques et y compris le transport au marché, lorsqu'on ne vend pas sur place; ces articles de débit sont, comme de raison, passés par le crédit de la caisse ou de tel autre compte qui fournit les moyens d'exploitation, suivant qu'il y a lieu.

Les articles de crédit sont d'abord : la valeur des grains affectés à la nourriture des gens de la maison, ou donnés en paiement, comme cela arrive quelquefois, pour frais de moisson par exemple; celle des grains et pailles livrées soit aux écuries pour la nourriture des chevaux, soit aux bergeries, à la basse-cour, etc.; enfin les produits des ventes.

Il est peut-être mieux de créditer de mois en mois les grains, par le débit des fourrages, de la valeur des pailles disponibles après le battage.

Lors de l'inventaire annuel, on crédite le compte, par le débit de capital, de la valeur approximative des grains et pailles restant dans les granges et greniers, et l'excédant au crédit forme le bénéfice dont on débite le compte pour balance, par le crédit de profits et pertes; mais nous avons à ce sujet à présenter une observation qui ne laisse pas d'être digne d'attention, quoiqu'elle ne porte pas sur le fond de la matière.

L'époque du 31 décembre, que nous avons choisie pour la coupure d'exercice, présente cet avantage qu'alors toutes les récoltes sont faites; mais les produits en grains ne sont qu'imparfaitement connus, parce que le battage est loin d'être terminé. Il en résulte une difficulté pour faire l'évaluation des grains en gerbes. Mais on peut, du moins en partie, parer à cet inconvénient, qui est certainement moindre que ceux que présenterait toute autre époque. En effet, quoique les comptes d'un exercice expiré s'arrêtent à la date du 31 décembre, et ne doivent comprendre par conséquent que les opérations terminées avant le 1er janvier, ils ne sont certainement pas clos définitivement le jour même, et cette clôture peut se retarder autant qu'on le veut, quant aux opérations qui n'intéressent pas le compte de caisse et ses auxiliaires.

Rien n'empêche donc d'ajourner de un, deux ou trois mois, plus ou moins, les écritures ayant pour objet de balancer les comptes des grains, et celles qui ne peuvent se faire que postérieurement à cette balance.

A l'époque à laquelle il entrera dans les convenances de l'agriculteur de clore ses comptes, le battage sera plus avancé, il aura tenu note exacte des produits en grains et en pailles provenant de la récolte précédente, et il lui restera beaucoup moins de grains en gerbes.

Sans doute pour ce restant il faudra bien qu'il se contente d'évaluations en quantités pour faire ses estimations en argent, mais il aura bien plus de données, pour approcher de la vérité, qu'il n'en aurait possédé au premier janvier.

L'agriculture peut d'autant plus librement user de cette faculté, qu'il n'en résulte aucune entrave pour les opérations et les écritures du nouvel exercice. Fourrages.

139. Nous comprenons ici sous la dénomination de fourrages les produits des prairies artificielles et naturelles, les plantes, racines, tubercules, etc., enfin tout ce qui est consacré à la nourriture des bestiaux et chevaux, à l'exception des avoines que nous avons confondues avec les grains, et qui peuvent avoir leur escompte distinct. Mais comme nous venons de le faire remarquer à l'occasion des grains, on peut consacrer un compte spécial à telle espèce de fourrages qu'on voudra. Nous concevons par exemple, que de temps à autre, sinon habituellement, on ouvre un compte particulier aux prairies naturelles, aux prairies artificielles, aux pommes-de-terre, etc. Cela dépend entièrement des idées du cultivateur, de l'esprit d'observation qui l'anime, des vues qu'il se propose, des résultats qu'il désire constater dans telle ou telle circonstance. Le mécanisme est absolument le même pour un compte général et pour un compte spécial, et comme il est suffisamment décrit dans les paragraphes précédens, nous croyons inutile d'y rien ajouter.

140. Nous supposons ici que dans la propriété se trouve une partie de vignes en plein rapport; mais tout ce que nous avons dit précédemment est applicable à cette nature de produits. Il n'y a qu'à ajouter aux dépenses à charge du compte les frais de fabrication, y compris l'entretien des cuves, pressoirs et ustensiles spéciaux, et l'achat des futailles. Vins.

Cependant nous devons prévoir le cas où l'on voudrait créer un vignoble; il est évident qu'alors il faut débourser les frais de préparation du sol et de plantation, ainsi que les frais de culture et d'engrais des quatre années pendant lesquelles on ne fait pas de récolte; que, de plus, l'établissement perd pendant ces quatre années, le produit moyen que doivent rapporter des terres de la qualité de celles converties en vignobles; enfin que ces mêmes terres, quoiqu'elles soient momentanément improductives, doivent sans interruption supporter les portions proportionnelles des frais généraux de toute espèce, comme si elles étaient en plein rapport.

Ce sont autant d'avances faites à cette nature de sol, et qui sont à recouvrer plus tard; et ces avances s'accroissent d'année en année, jusqu'à ce qu'on soit arrivé à celle de la première récolte. Il est donc tout naturel d'ouvrir à ce vignoble un compte spécial, pour le débiter successivement de toutes les dépenses effectives qu'il nécessite, aussi bien que des pertes qu'il occasione, c'est-à-dire, de sa portion afférente des frais généraux sans exception, et du produit moyen qu'on devrait retirer de ces terres, si on ne leur avait pas donné une nouvelle destination.

Cette dernière écriture, qui a pour objet de faire rentrer dans les comptes de l'année le bénéfice auquel l'établissement a droit, se passe par le crédit de profits et pertes. Le compte de ce vignoble est donc un véritable compte courant, qui chaque année se balance aux inventaires par le débit de capital, et qui rendra plus tard les fonds qu'on lui a prêtés; il est même indispensable, pour être exact, de le débiter chaque année des intérêts des avancés qu'on lui a faites, comme on en userait avec un correspondant, et ce, jusqu'à ce que le débit de ce compte soit complètement épuisé par les imputations successives dont nous allons parler; il est entendu que si avant l'année où l'on doit, dans l'ordre naturel des choses, faire des récoltes moyennes, on est assez heureux pour obtenir quelques produits, on en porte le montant au crédit du compte courant du vignoble, ce qui diminue d'autant les avances, et donne lieu à un compte d'intérêts respectifs.

C'est ordinairement à la cinquième année après la plantation des vignes que l'on commence à entrer en récolte : or, les récoltes successives doivent : 1° couvrir les frais de culture de l'année, y compris le fermage, ou l'intérêt du capital si c'est le propriétaire qui fait valoir; 2° le bénéfice auquel a droit le chargé de l'exploitation, en indemnité de ses peines et soins; 3° faire rentrer successivement dans les avances en capital et intérêts qu'il a fallu faire pour créer le vignoble; ainsi, à partir de l'époque où l'on doit aspirer à des récoltes moyennes, il faut ouvrir annuellement un compte aux vins, comme nous l'avons admis au commencement de cet article, le débiter de toutes les dépenses, et le créditer de tous les produits, comme de raison; mais ajouter au débit, par le crédit du compte courant du vignoble, la portion des avances faites à ce dernier, dont on voudra charger chaque année, et ainsi de suite d'année en année, jusqu'à ce que le débit de ce compte ait entièrement disparu. C'est là le seul moyen de se rendre véritablement compte des produits réels d'un vignoble qu'on a créé, et ce moyen ne présente pas la moindre difficulté dans l'exécution.

La même marche devrait être suivie pour les renouvellemens des vignobles sur de fortes parties; mais si ces renouvellemens sont successifs et à peu près égaux d'année en année, ou d'époque à époque, on peut en porter simplement les frais au compte de vins, et se dispenser d'ouvrir le compte particulier dont il est fait mention ci-dessus. Au surplus le tout est à volonté.

Graines oléagineuses, huiles et fabrications accessoires.

141. Si l'établissement fait le commerce de graines oléagineuses, nous nous référons à l'article (138) relatif aux grains.

S'il fabrique des huiles, c'est à l'article du vin (140) qu'il faut se reporter.

Fabrique-t-il du cidre, de l'eau-de-vie de vin ou de pommes-de-terre, du sucre de betteraves, etc., ce sont autant de fabrications accessoires qui doivent avoir chacune leur compte spécial, comme nous l'avons dit (135) quand nous avons supposé une fabrique d'ustensiles.

Nous ferons remarquer seulement que si ces fabrications produisent en quantités notables des résidus servant d'engrais ou de nourriture pour les bestiaux, il faut en créditer les comptes producteurs, par le débit des comptes consommateurs.

Bois.

142. Si les bois sur pied que nous supposons faire partie de la propriété au moment de l'acquisition sont aménagés en coupes réglées de manière qu'on en abatte annuellement des quantités à peu près égales, il suffit d'ouvrir un compte à la coupe de chaque année; on débite ce compte de tous les frais d'entretien et de surveillance de la totalité des bois sur pied, de leur portion afférente des frais généraux, et des frais occasionés par l'exploitation de l'année; on le crédite ensuite du produit des ventes, de la valeur des bois provenant de cette coupe et consommés dans l'établissement ou réservés pour son usage, de la valeur des bois non vendus à la fin de l'exercice; et l'excédant au crédit forme le produit net de cette partie de la propriété. Enfin on balance le compte comme d'usage, par le crédit ou le débit de profits et pertes.

Peut-être n'est-il pas inutile de faire remarquer que, quoique les bois sur pied fassent partie de la propriété foncière, les coupes annuelles n'appauvrissent pas l'immeuble, par la raison qu'en supposant, par exemple, les bois aménagés à vingt ans, la pousse de la feuille de l'année sur les dix-neuf coupes restant sur pied accroît l'immeuble de la même valeur qu'il perd par la chute de celle de l'année. Cette compensation est d'une évidence frappante; le produit de la coupe annuelle n'est autre chose que le revenu de la totalité du sol couvert de bois.

Plantations nouvelles.

143. Mais la marche est différente s'il s'agit de la création d'un nouveau bois, ou de grandes plantations qui, quoiqu'éparses sur les rives des ruisseaux,

les bords des chemins, les limites des prairies, dans des bas-fonds ou sur des coteaux à peu près incultes, peuvent, avec le temps, s'élever à une très-grande valeur. C'est au profit de l'immeuble que sont faites ces plantations, et pour se rendre compte du bénéfice réel qu'elles procureront, et de l'accroissement de valeur qui doit en résulter pour l'immeuble, il faut leur ouvrir un compte spécial, débiter ce compte comme nous l'avons dit (140) à l'occasion de la création d'un nouveau vignoble, des frais successifs de plantation, de culture, d'entretien, de surveillance, du produit net présumé qu'on aurait obtenu des terrains plantés, s'ils n'avaient pas changé de destination; de leur portion proportionnelle de frais généraux, enfin des intérêts annuels des avances. Ce compte doit, comme de raison, être crédité du produit des *recepages*, *émondages*, *bois morts* et *chablis*, que l'on obtient dans l'intervalle.

On maintient donc ce compte courant, et on lui fait supporter les intérêts dont il est passible, jusqu'à l'époque où l'on doit en obtenir un produit à peu près régulier ou faire un grand *abattis*. C'est alors seulement qu'on peut se rendre réellement compte du bénéfice qu'ont produit ces plantations, par la comparaison de la valeur capitale qu'elles ont acquise, avec le prix coûtant en principal, accessoires et intérêts.

C'est alors également qu'on peut débiter le compte spécial, par le crédit de profits et pertes, du bénéfice reconnu, et le créditer enfin, pour balance, par le débit de l'immeuble, puisqu'au moyen de l'écriture précédente l'excédant au débit n'est autre chose que la valeur immobilière des nouvelles plantations.

Si dans l'intervalle des premières plantations à l'époque de la suppression du compte, on voulait se rendre compte de l'accroissement de valeur de l'immeuble, cela pourrait se faire par des évaluations, et en raison de l'état des bois.

Défrichemens. 144. S'il est question au contraire de supprimer des bois, c'est-à-dire de les abattre pour les défricher, alors c'est réduire la valeur de l'immeuble, puisqu'on va en extraire un capital plus ou moins considérable qui y était inhérent. On ouvre donc un compte à cette coupe extraordinaire, pour ne pas charger inutilement le compte de l'immeuble; on le débite de tous les frais d'exploitation jusqu'à la vente effective des bois, de tous les travaux préliminaires pour amener le sol en état d'être cultivé; on le crédite du produit des ventes, et l'opération terminée, on le balance au débit, par le crédit de l'immeuble, pour réduire celui-ci de la valeur nette qu'on lui a enlevée.

Pêche. 145. La pêche ne mérite d'avoir un compte spécial qu'autant que le produit en est considérable ou qu'il devient un objet d'étude. Dans le cas contraire, il faut la confondre avec les produits divers dont nous allons parler tout-à-l'heure. Mais s'il s'agit de la création ou de la restauration de grands étangs, il convient alors de suivre une marche analogue à celle indiquée ci-dessus pour la création d'un nouveau bois (143).

On ouvre donc un compte au débit duquel on porte tous les frais de construction et de main-d'œuvre nécessaires pour mettre les étangs en bon état, les frais d'empoissonnement, de garde, d'entretien, etc. Ce compte est maintenu, et passible d'intérêts jusqu'à ce que les étangs soient en plein rapport; après quoi on débite l'immeuble, en tant et autant qu'il y a lieu, du supplément de valeur qu'il a acquis par cette nouvelle création, comme on en a usé pour les nouvelles plantations de bois.

146. La basse-cour comprend les volailles de toute espèce, les pigeons, les cochons, etc., et même l'étable, hors le cas prévu (134) à l'article des bêtes à cornes. Basse-cour.

On confond donc ces divers objets dans un même compte qui se tient et se balance d'après les règles précédemment établies et auxquelles il n'y a rien à ajouter. Nous ferons remarquer seulement que la consommation de la maison doit absorber une partie notable des produits de la basse-cour, qu'il faut en tenir note, pour en créditer à la fin de chaque mois le compte de basse-cour, par le débit de maison, et que, par la raison inverse, il faut débiter la basse-cour par le crédit des comptes compétens, de tous les produits de l'établissement qu'elle consomme.

147. Quoique, d'après tout ce que nous avons dit, il y ait toute facilité pour ouvrir autant de comptes qu'on le désirera, nous conseillons cependant de ne pas les multiplier outre mesure. Quelque nombreux qu'ils soient d'ailleurs, il est bien difficile que, dans un grand établissement, il ne se présente pas de temps à autres quelques produits qui ne trouveraient point place dans les comptes ouverts, tels que des produits de pêche s'il y a quelque étang empoissonné, des ventes de fruits ou de bois provenant des vergers extérieurs ou des arbres bordant les chemins, etc.; enfin tous les produits qui n'appartiendraient à aucun des comptes spéciaux. On ouvre donc en cas de besoin un compte aux *produits divers*, et en fin d'exercice on le balance par le crédit de profits et pertes. Produits divers.

148. Jusqu'à présent nous n'avons ouvert de comptes qu'aux moyens d'exploitation et aux différentes natures de produits; mais dans un établissement où l'on recherche des moyens d'amélioration, et notamment dans des institutions agronomiques comme celles de Grignon et de Rouville, il peut être utile de Comptes temporaires consacrés à des essais de culture.

comparer divers modes de culture, divers genres d'assolement. Alors, sans préjudice des comptes ouverts, comme nous l'avons fait ci-dessus pour l'ensemble de l'établissement, et en supposant qu'il soit question de comparer trois modes de culture, trois espèces d'assolement, il faut ouvrir un compte spécial à chacune des trois parties de terrain destinées à faire ces épreuves. Ces comptes sont considérés comme des comptes courans ordinaires; on les débite d'abord, par le crédit de qui de droit, de tous les frais d'exploitation sans exception, de leur portion afférente des charges générales de l'établissement, et notamment, par le crédit de profits et pertes, du produit moyen que doivent rapporter des terres de la qualité de celles affectées à ces épreuves, en sus du prix du fermage ou des intérêts du capital déjà compris dans les charges générales. On les crédite également de tout ce qu'ils produisent, par le débit des comptes généraux de produits, auxquels on verse ceux provenant de ces trois exploitations spéciales.

On établit pour chacun d'eux un compte d'intérêts respectifs entre le débit et le crédit, comme si l'on comptait avec des correspondans; enfin, en procédant aux inventaires annuels, on les balance au débit ou au crédit par le crédit ou le débit de capital (68), et on les reproduit sur les livres de l'exercice suivant par le procédé usité (70) *pour tous les comptes courans* présentant un solde en fin d'exercice.

On maintient ainsi ces trois comptes jusqu'à l'expiration du terme fixé pour les épreuves, et, les écritures de la dernière année terminées, avant de balancer les comptes par le débit ou le crédit de capital, suivant qu'il y a lieu, on examine d'abord s'il y a excédant au crédit ou au débit. Dans le premier cas c'est qu'il y a eu bénéfice par comparaison avec le produit moyen présumé dont les trois comptes ont été débités; dans le cas contraire c'est qu'il y a eu perte, et en comparant ensuite les trois résultats entre eux, on en conclut quel a été le mode de culture ou l'espèce d'assolement le plus ou le moins avantageux.

Enfin on éteint définitivement ces trois comptes en les balançant au débit ou au crédit, par le crédit ou le débit de capital, sans les faire reparaître sur les livres de l'exercice suivant.

On peut suivre une marche analogue pour telle épreuve isolée que l'on voudrait faire, et sur telle quantité de terre que l'on y aurait affectée.

Frais généraux, opérations en fin d'année.

149. Nous nous référons entièrement, en ce qui concerne les frais généraux et les opérations en fin d'année, à ce que nous en avons dit (121) pour les manufactures; en ce qui concerne la comptabilité des produits en nature et du maté-

riel, ainsi que les registres et carnets y relatifs; aux recommandations que nous avons faites (98) pour le commerce et (122) pour les manufactures. La marche est absolument la même pour les trois genres d'établissement.

Comptabilité en matières.

Il est entendu que dans le compte des frais de maison doivent rentrer les frais et les produits de culture des jardins, vergers et clos en dépendant, ainsi que les frais de nourriture de tous les gens, domestiques et ouvriers habituellement ou accidentellement nourris par la maison, sauf à créditer à la fin de chaque mois ce compte, de la portion évaluée de ces dépenses qui doit retomber au débit de divers autres comptes.

Dans le matériel, nous comprenons les troupeaux et animaux divers qui doivent former l'objet d'une espèce de comptabilité, à la faveur d'un registre d'entrée et de sortie, dont un chapitre est consacré à chaque espèce de bestiaux ou animaux.

Table résumé de gestion d'exercice.

150. Au surplus les mouvemens des produits sont infiniment moins fréquens dans un établissement agricole que dans une manufacture. Cette dernière reçoit, transforme et produit tous les jours, tandis que la première ne produit généralement qu'une fois par an, et il n'existe peut-être pas un établissement agricole qui produise des valeurs égales à celles qu'on obtient d'une manufacture du troisième ou quatrième ordre. Aussi pensons-nous que des registres bien établis, présentant exactement les entrées et les sorties, réunis aux livres en deniers et au registre statistique qui, par le fait, est un auxiliaire des livres en deniers, suffisent à l'agriculteur pour qu'il puisse à toute époque se rendre compte de sa position, et qu'il est inutile d'établir des situations mensuelles semblables à celles que nous avons prescrites pour les manufactures.

Mais à la fin d'un exercice, lorsque toutes les écritures sont closes et balancées, il est convenable d'en consigner les résultats dans un tableau général, méthodique et raisonné.

Ce tableau sera toujours facile à composer d'après les comptes en deniers et le registre statistique dont un chapitre est consacré à chacun des moyens d'exploitation. Il doit être divisé en trois sections, la première pour les produits de la terre, la deuxième pour la basse-cour et les troupeaux, et la troisième pour les divers essais de culture et d'assolement.

Enfin sa place se trouve naturellement à la suite du registre statistique, dont il serait en quelque sorte le résumé, et quoiqu'il soit susceptible de recevoir des modifications suivant le genre d'exploitation et les vues particulières de l'agriculteur, nous en présentons, sous le N° XVII des Tableaux accessoires, un exemple que nous avons restreint à un petit nombre d'articles, du moins dans la première partie, mais très-suffisant pour servir de modèle dans tous les cas possibles.

CINQUIÈME SECTION.

ADMINISTRATIONS PUBLIQUES.

Aperçu général de la comptabilité publique d'un État.

151. L'administration publique, considérée sous le rapport de la comptabilité, se divise en trois branches bien distinctes; ce sont : 1° la perception des revenus de l'État qui forment le capital annuel à dépenser; 2° l'exécution des services publics, et par conséquent de la dépense qui en résulte; 3° la centralisation dans les mêmes mains, des ressources réalisées par la perception, la direction de ces ressources sur les points où elles doivent être appliquées aux dépenses, et l'acquittement des mandats des ordonnateurs chargés de l'exécution des services.

Dans cette classification générale, on reconnaît de prime-abord les administrations financières chargées de la perception, les ministères ordonnateurs chargés de l'exécution des services, et le trésor public qui n'est qu'un grand instrument d'ordre, dont l'action se borne à faciliter le service des paiemens et à intervenir entre les percepteurs et les ordonnateurs, sans exercer aucune influence immédiate sur la situation financière de l'État.

Le trésor public joue donc dans la comptabilité générale de l'Etat absolument le même rôle que le caissier, ou la caisse et ses auxiliaires, dans une maison de commerce.

Nous avons vu (32, 40 et 68), et nous avons eu occasion de rappeler plusieurs fois, que, dans l'administration d'un établissement commercial, manufacturier ou agricole, la caisse et ses auxiliaires n'étaient que des intermédiaires entre le compte de capital et le compte des spéculations de la maison; ces intermédiaires sont loin d'être inutiles sans doute; ils rendent de très-grands services, surtout depuis l'invention des crédits et de la monnaie fictive, mais ils ne produisent directement aucune valeur capitale, aucun bénéfice, et chacun de ces comptes rend exactement ce qu'il a reçu, jamais ni plus ni moins. Les ressources effectives d'un établissement particulier résultent uniquement de l'importance du capital primitif et des accroissemens de capital provenant des bénéfices successifs (40 et 68), et les bénéfices eux-mêmes ne résultent que du plus ou du moins de succès dans les spéculations, qui sont tout-à-fait distinctes des opérations de caisse.

Il en est précisément de même de l'administration publique d'un État. Les ressources effectives proviennent de la quotité des revenus formant le capital annuel; il n'y a pas de bénéfices proprement dits; mais, par des opérations bien entendues, on peut faire des économies dans l'exécution des services, économies qui n'ajoutent pas au capital réalisé, mais qui en évitent l'emploi partiel, ce qui présente un avantage parfaitement équivalent.

Or, le trésor public est tout-à-fait étranger tant à la perception des revenus qu'à l'exécution des services; certainement son intervention est fort utile par ses moyens de crédit, par l'emploi de monnaies fictives, par le contrôle qu'il exerce avant d'acquitter les dépenses; mais ces avantages ne changent pas la nature de ses fonctions, et lui sont communs avec la caisse du négociant ou du manufacturier.

Il est vrai que l'administration du trésor peut faire des économies sur ses frais d'administration, de transports, sur les commissions et intérêts qu'elle est obligée de payer, en un mot, *sur les dépenses occasionées par l'exécution de son service;* mais les mots *soulignés* indiquent qu'il ne s'agit pas ici des fonctions proprement dites d'un caissier, mais bien de l'exécution d'un service public, et, sous ce rapport, le trésor devient une administration dépensière, dont les dépenses sont réglées par un ministre ordonnateur, et font l'objet d'un compte distinct, présenté sans confusion avec celui des paiemens faits pour acquitter les dépenses des autres administrations.

Il en est de même des administrations financières chargées des perceptions; elles ont à supporter les frais de recouvrement sur lesquels elles peuvent faire des économies; mais ces dépenses sont une charge publique et font l'objet d'un compte spécial rendu à côté de celui de la perception dont le tableau doit toujours être complet et indépendant des frais en question.

La comptabilité générale d'un État se compose donc, comme la comptabilité d'une maison de commerce, de trois parties bien distinctes, savoir : celle consacrée au capital disponible (aux revenus annuels); celle consacrée à la caisse et à ses auxiliaires (au trésor public); enfin, celle consacrée à l'objet de l'établissement ou de l'institution (à l'exécution des services publics).

Les comptes ouverts au capital ou aux revenus sont crédités par le compte de caisse ou ses auxiliaires; ceux-ci sont crédités par les comptes ouverts aux spéculations ou aux services; et ces derniers enfin sont crédités du montant des services exécutés, par le débit des comptes de capital ou des revenus, pour comparer les recettes aux dépenses, pour savoir s'il y a perte ou bénéfice chez le négociant, excédant ou déficit de recettes dans l'administration publique.

Il est impossible de trouver une analogie plus parfaite.

Mais comme l'administration publique est ordinairement trop vaste pour être confiée à un seul comptable individuel ou collectif, on en a subdivisé les attributions entre plusieurs administrations secondaires, qui ont elles-mêmes un nombre plus ou moins considérable de comptables subordonnés dont elles reçoivent, apurent et résument les comptes particuliers dans des comptes généraux ; et ces derniers sont eux-mêmes résumés, sous la direction d'un fonctionnaire ou d'un comptable d'un ordre supérieur, en un seul compte général et récapitulatif, présenté dans la même forme que s'il avait été établi directement et de toutes pièces.

Il en résulte que si les attributions d'une administration secondaire ou d'un comptable inférieur, sont telles qu'elles comprennent des opérations appartenant à deux ou à trois des branches dont se compose la comptabilité générale de l'Etat, les comptes de ces administrations ou de ces comptables doivent être établis de manière à présenter distinctement ces divers genres d'opérations, afin que les totaux trouvent naturellement leur place dans les résumés successifs, jusqu'au compte général et récapitulatif de l'État.

Après ces observations générales, il nous reste peu de choses à dire des administrations particulières.

Des comptables percepteurs.

152. La comptabilité d'un comptable percepteur est infiniment simple.

Il ouvre d'abord un compte à chacune des sources de revenus qui lui procurent des recettes, et à chacun des comptables qui lui font des versemens. Il crédite ces comptes par caisse ou par tel autre compte que de raison, suivant la nature des valeurs qu'il est dans le cas de recevoir. Il crédite le compte de caisse et ses auxiliaires, par le débit du trésor ou autres auxquels il fait ses versemens, ou pour compte desquels il paie, ou bien par le débit des comptes ouverts aux frais d'administration ou de perception, s'il est autorisé à les retenir ou à les acquitter.

Si, comme le font les receveurs généraux et particuliers des contributions directes, le comptable percepteur souscrit en avance des obligations imputables sur telle ou telle source de revenu, et qu'il verse, soit à un comptable d'un ordre supérieur, soit à un des caissiers du trésor, il crédite le compte d'effets à payer par le débit du comptable auquel il fait le versement, et suit pour le surplus la marche ordinaire.

Lorsque le comptable, parvenu au terme d'une année ou d'un exercice, a fait tous ses versemens et emplois conformément à ses instructions, il balance, autant qu'il y a lieu, le compte de caisse et ses auxiliaires, par le débit ou le crédit d'un compte qu'il ouvre pour ordre à l'exercice suivant et auquel il reporte les excédans de débit et de crédit desdits comptes. On voit que ce compte d'ordre fait fonction d'un véritable compte d'emploi ou de versement. Cela fait, la masse des excédans au débit, tant du compte de l'exercice suivant que de ceux ouverts aux autres emplois et versemens, égale nécessairement la masse des excédans au crédit des comptes ouverts aux sources de recettes.

Cette balance est inévitable, puisque, dans l'hypothèse admise, le compte de caisse et ses auxiliaires sont balancés, et que par conséquent il ne reste plus en regard que les excédans au crédit des comptes de recettes d'une part, et les excédans au débit des comptes d'emplois et de versemens d'autre part, lesquels excédans doivent être parfaitement égaux (29, 38 et 66).

Enfin, pour consommer le passage d'un exercice à un autre, le comptable fait la contre-partie, c'est-à-dire que, sur les nouveaux livres, il consacre à l'exercice précédent un compte spécial, qu'il débite ou crédite, par le crédit ou le débit de la caisse et de ses auxiliaires, de tous les soldes au débit et au crédit desdits comptes, qui devaient être reportés au nouvel exercice.

153. Quant à l'administration centrale de perception, qui reçoit d'époque à époque des situations ou extraits des comptes de tous ses comptables, ses livres ne présentent que les résultats de ces situations. *Des administrations centrales de perception.*

Les comptes qu'elle est dans le cas d'ouvrir se divisent, comme dans toute comptabilité régulière, en trois classes bien distinctes, savoir : les comptes ouverts aux sources de revenus et aux comptables étrangers à l'administration, qui lui font des versemens, lesquels comptes représentent celui de capital dans les établissemens particuliers; les comptes courans de ses comptables, qui, comme le compte de caisse et ses auxiliaires (49 et 63), disparaissent entièrement par l'effet de la liquidation de l'exercice ou de la gestion, puisqu'ils rendent nécessairement tout ce qu'ils ont reçu; enfin, les comptes d'*emplois* par versemens aux comptables du trésor, ou par application à des charges publiques, qui jouent le même rôle que les comptes chargés de toutes les dépenses occasionées par l'exploitation d'un établissement particulier.

Les rapports mécaniques entre ces divers comptes sont absolument les mêmes que dans toutes les autres comptabilités, et par conséquent nous ne les rappellerons pas; nous ajouterons seulement que, comme dans la comptabilité du simple comptable percepteur, et pour le même motif, la masse des excédans *au crédit des comptes de recettes* égale nécessairement la masse des excédans au débit *des comptes d'emplois.*

On ne voit figurer sur les livres d'une administration centrale, ni compte de caisse, ni compte d'effets à recevoir, ni compte d'effets à payer, parce qu'elle n'a pas de manutention de deniers. Elle ne connaît que ses comptables, qui sont chargés à leurs comptes courans de toutes les valeurs sans distinction produites par les sources de revenus et par les versemens des comptables extérieurs, et qui sont déchargés de la totalité de ces mêmes valeurs, comme il est dit ci-dessus.

Enfin, nous devons faire remarquer que les recettes et dépenses par versemens de comptable à comptable, dans l'intérieur d'une administration centrale, n'influent en rien sur le résultat de son compte général, puisque ce sont de simples viremens qui donnent immédiatement lieu à une recette et à une dépense égales, et qui d'ailleurs sont confondus dans les comptes courans des comptables, qui disparaissent comme nous venons de le voir.

Comptables et administration du trésor.

154. Nous ne voulons d'abord considérer les comptables et l'administration du trésor que comme simples intermédiaires entre les administrations chargées des perceptions, et celles chargées des services de dépenses (151).

A ce titre, leurs livres ressemblent beaucoup à ceux des percepteurs; en effet, ils ouvrent également des comptes aux diverses sources de revenus dont les produits doivent leur être versés, après quoi ils reçoivent des percepteurs ce que ceux-ci reçoivent des contribuables, et ils versent aux comptables des services de dépenses ce que les percepteurs versaient aux comptables du trésor; on voit qu'il n'y a que les dénominations changées.

Mais si les comptables du trésor sont en même temps percepteurs, comme il arrive pour les receveurs généraux et particuliers, ce que nous avons dit pour les comptables percepteurs leur est complètement applicable, et ils doivent présenter et distribuer leurs comptes de manière à distinguer les recettes par perceptions immédiates, de celles provenant des versemens d'autres comptables percepteurs.

Les comptables du trésor se font aussi réciproquement beaucoup de versemens, et c'est une troisième division de leurs recettes.

Les dépenses, autrement dire les comptes d'emplois des comptables du trésor, ont, ou du moins peuvent avoir également un triple motif : 1° versemens aux comptables chargés des services de dépenses ; 2° application immédiate à des services de dépenses ; 3° versemens à d'autres comptables du trésor.

Mais ces viremens entre les comptables dans l'intérieur de l'administration disparaissent dans le compte général du trésor, ou du moins n'y figurent que pour mémoire et hors ligne, par les mêmes motifs exposés tout-à-l'heure à l'occasion des administrations centrales de perception.

Du reste les livres de l'administration centrale du trésor et le compte général qui en résulte, sont établis de la même manière que ceux d'une administration de perception ; la seule différence consiste en ce qu'ils embrassent tous les revenus de l'État, tandis que ceux-ci n'en comprennent qu'une branche, et qu'ils doivent faire ressortir d'une manière bien distincte, d'une part, les recouvremens opérés directement, et ceux dont les produits sont versés par l'entremise des administrations de perception ; et d'autre part, les emplois par application immédiate à des services publics, et ceux par simples versemens aux administrations de dépenses.

Il est une autre partie des attributions du trésor, qui exige des livres spéciaux, c'est celle de la dette publique ; mais à cet égard, tout le monde sait qu'ils sont tenus de la manière la plus régulière et la plus habile ; et comme il n'y a pas d'autre application dans le royaume, il est superflu de nous en occuper. Au surplus une comptabilité semblable rentre tout-à-fait dans le système du grand-livre que nous avons proposé (102) pour les actions d'une grande société anonyme.

Comptables et administrations de dépenses.

155. Ce n'est que pour le bon ordre que nous faisons paraître ici les administrations de dépenses, car, sous le rapport des comptes, il ne nous reste rien à en dire, puisque, sauf les changemens de noms, ils sont absolument de même nature et se tiennent de la même manière que ceux des administrations de recettes.

Chaque ministère ordonnateur forme le centre d'une administration de dépenses, et résume sur ses livres et dans ses comptes les recettes et les dépenses de tous ses comptables, comme le fait une administration centrale de recettes.

Parmi les comptables des administrations secondaires de dépenses, il en est qui ont des manutentions de matières, comme les manufactures de tabac, de poudre à tirer, les administrations des monnaies, les administrations des vivres de la guerre, de la marine, etc, etc. ; mais alors, en ce qui concerne leurs écritures et leurs comptes, ces établissemens rentrent tout-à-fait dans l'ordre des manufactures, et nous ne pouvons que renvoyer à la section y relative.

Comptes généraux de l'État. 156. Le compte général de l'État n'est autre chose que le résumé des comptes des trois branches de l'administration publique, et il s'établit d'après les mêmes principes que le compte d'une administration centrale de recettes ou de dépenses. On y voit donc, comme nous l'avons déjà fait remarquer dans l'aperçu général (151): 1° les produits des recettes ou recouvremens des revenus de l'État; 2° les dépenses ou applications faites aux services publics d'après les dispositions des ministères ordonnateurs; 3° et pour mémoire seulement, les viremens faits entre les diverses administrations, c'est-à-dire les mouvemens de fonds en comptes courans, entre les divers comptables du trésor et autres qui n'ont reçu de fonds que pour les transmettre à d'autres comptables, mouvemens dont il ne peut résulter pour l'État aucun accroissement de ressources ou de dépenses.

SIXIÈME SECTION.

ADMINISTRATION DES FORTUNES PRIVÉES.

157. Une fortune privée s'administre en petit comme la fortune publique, comme un établissement industriel, et l'ordre n'y est pas moins indispensable.

Il est certainement un grand nombre de familles qui ont perdu leur position sociale et leurs moyens d'existence, uniquement parce que leurs chefs n'ont pas apprécié le mérite de l'ordre, et ne se sont pas mis en mesure de pouvoir toujours se rendre compte de la situation de leurs affaires.

Nous croyons donc qu'un particulier, jouissant d'une fortune tant soit peu considérable, doit organiser dans son intérieur une comptabilité régulière et fondée sur les mêmes principes que la comptabilité commerciale.

Sans doute nous sommes loin de lui imposer l'obligation d'avoir l'appareil complet des livres dont nous avons supposé l'existence dans un grand établissement de commerce, d'industrie ou d'administration; mais il peut, mais il doit toujours avoir un registre en forme de grand-livre, quelque petites que soient d'ailleurs ses dimensions, c'est-à-dire un livre de comptes en parties doubles qui peut en même temps faire fonction de journal.

Il ouvre donc sur ce registre un compte à son capital, qu'il crédite par le débit des comptes ouverts aux diverses valeurs composant sa fortune au moment où il établit cet ordre de choses.

Ces valeurs peuvent être immobilières ou mobilières : s'il a plusieurs immeubles, nous conseillons de leur ouvrir à chacun un compte spécial ; de même que s'il a des valeurs mobilières de différentes natures, telles que de l'argent comptant, des effets ou obligations à recevoir pour des sommes et à des échéances fixes, des créances en compte courant, des effets publics, c'est-à-dire des 5 p. %, des 3 p. %, des actions de la Banque de France, des fonds étrangers, des actions dans des établissemens industriels, etc., etc., nous sommes également d'avis d'ouvrir des comptes à chacune de ces valeurs, et même à chaque débiteur en compte courant qui serait dans le cas de se libérer par des à-compte successifs, et avec lequel il y aurait à faire un compte d'intérêt.

Il faut également ouvrir des comptes aux effets à payer et aux créanciers en compte courant qui sont crédités par le débit de capital, de sorte que la différence entre le crédit et le débit de ce dernier compte ne présente que la fortune réellement disponible et libre de tout engagement.

Si les sources de revenus ne sont pas variées, et qu'il n'y ait pas d'intérêt à distinguer les origines, on peut en créditer directement le compte de profits et pertes, par le débit de caisse ou de tel de ses auxiliaires que de raison ; dans le cas contraire, on peut ouvrir aux revenus autant de comptes que l'on voudra distinguer d'origines : les produits des fermages, des locations de maisons, des coupes de bois, des fonds publics, des placemens particuliers, d'intérêts dans des établissemens industriels, etc., etc., peuvent, suivant l'occurrence, former l'objet d'autant de comptes spéciaux ; en fin d'année, on crédite ces comptes, même des revenus échus et non payés ; mais alors l'écriture est passée au débit d'un compte ouvert au débiteur, parce que, dans l'hypothèse, cet arriéré devient une créance de capital en compte courant. Il ne reste ensuite qu'à balancer tous ces comptes de revenus, au débit, par le crédit de profits et pertes, pour les réunir en une seule masse.

Nous devons aussi prévoir l'hypothèse où un propriétaire change en tout ou en partie la composition de sa fortune. Il vend, par exemple, une propriété mobilière ou immobilière, pour acheter d'autres immeubles ou d'autres valeurs mobilières. Il suit la même marche qu'un négociant qui vendrait des sucres pour acheter des cafés, c'est-à-dire qu'il crédite le compte ouvert à l'objet vendu, par le débit de caisse ou des autres comptes dans lesquels rentrent les valeurs reçues en paiement, et il fait précisément l'inverse pour l'objet acheté. Mais il doit ensuite examiner s'il perd ou s'il gagne sur l'objet vendu, par comparaison avec la valeur capitale qu'il lui avait donnée en ouvrant son livre de comptes. Dans le premier cas, son capital nominal diminue, et il doit être débité; dans le deuxième, il augmente, et il doit être crédité du montant de la différence, par le crédit ou le débit du compte auquel appartenait l'objet vendu, afin de rentrer dans la même situation que si la première évaluation n'avait pas été trop forte ou trop faible, par comparaison avec le prix de vente.

Enfin, si l'on fait sur un immeuble des constructions qui ajoutent à sa valeur vénale, et qui doivent accroître son revenu, il convient d'en débiter le compte spécial de l'immeuble, par le crédit des comptes qui ont fourni les valeurs avec lesquelles ces constructions ont été payées.

Quant aux dépenses annuelles, il est utile de distinguer et de rapporter à des comptes différens celles relatives à la tenue de la maison et à l'entretien de la famille, et celles extraordinaires, telles, par exemple, que des réparations d'immeubles et autres que l'on voudrait ne pas confondre avec les dépenses courantes. Il est même convenable de répartir ces premières entre plusieurs comptes, afin de les suivre plus facilement dans leurs diverses ramifications.

A la fin de l'année, quand on veut vérifier sa situation, et après s'être assuré de l'exactitude des écritures par une balance générale, on balance tous les comptes de dépenses par le débit, comme on balance tous les comptes de revenus par le crédit de profits et pertes; par ce moyen, ce dernier compte présente en regard, d'une part tous les revenus, et de l'autre toutes les dépenses de l'année. Suivant qu'il y a excédant au débit ou au crédit, on a dépensé plus ou moins que son revenu, et il en résulte une diminution ou un accroissement de capital, que l'on constate en balançant le compte de profits et pertes par le débit ou le crédit de capital.

Cela fait, il ne reste qu'à clore tous les comptes pour opérer le passage d'une année à l'autre. On peut le faire en procédant comme nous l'avons indiqué (70) pour une maison de commerce qui ouvre chaque année un nouveau grand-livre. Mais pour un particulier, auquel un même livre de comptes peut servir plusieurs années, il suffit d'arrêter tous les comptes qui ne sont pas balancés, comme on le fait en cours d'exercice, en débitant ou créditant le compte ancien, du solde au crédit ou au débit, par le crédit ou le débit de compte nouveau, dans la forme indiquée (84).

Dans l'hypothèse prévue ci-dessus, d'une dépense trop considérable, ou d'une réserve moins forte que ne se proposait de la faire le propriétaire sur son revenu annuel, il peut, en consultant les comptes de dépenses que nous avons subdivisés dans cette intention, juger quelles sont celles sur lesquelles il lui est possible de faire des économies, et se rectifier pour l'année suivante.

Il est bien difficile qu'un chef de maison qui s'imposerait cette tâche, d'ailleurs très-facile à remplir, puisse jamais compromettre sa fortune, tandis qu'on n'en compte que trop qui rendent leur famille victime de leur insouciance, de leur faiblesse ou de leur imprévoyance.

FIN.

TABLE DES MATIÈRES.

FIN DE LA TABLE DES MATIÈRES.

Tableaux accessoires.

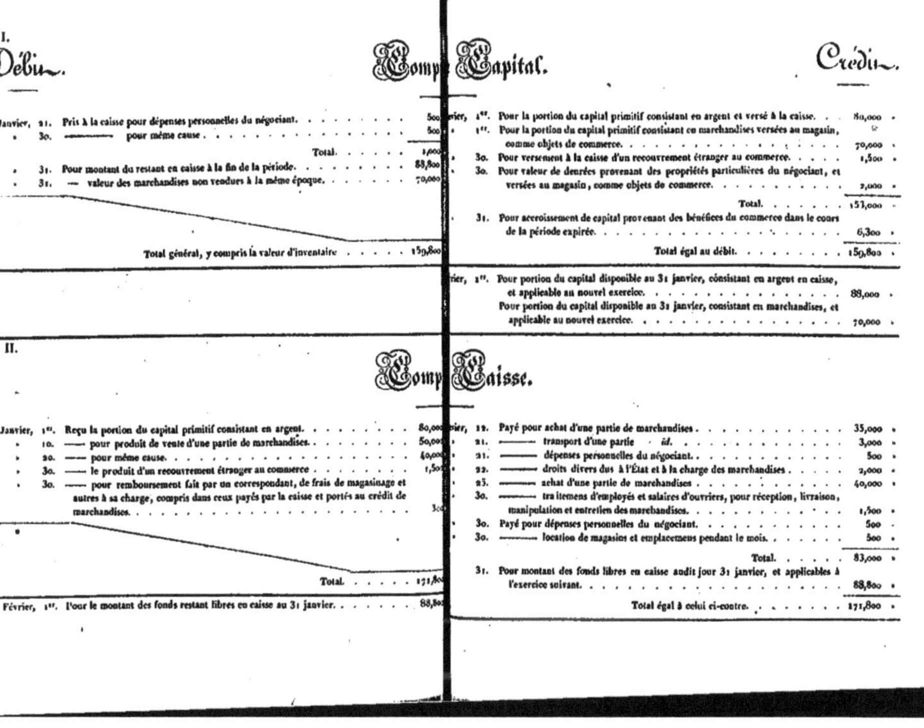

N° I.

Compte Capital.

Débit.

Date		Libellé	Montant
Janvier,	21.	Pris à la caisse pour dépenses personnelles du négociant.	500
»	30.	——— pour même cause.	500
		Total.	1,000
»	31.	Pour montant du restant en caisse à la fin de la période.	88,800
»	31.	— valeur des marchandises non vendues à la même époque.	70,000
		Total général, y compris la valeur d'inventaire	159,800

Crédit.

Date		Libellé	Montant
…vier,	1er.	Pour la portion du capital primitif consistant en argent et versé à la caisse.	80,000 »
»	1er.	Pour la portion du capital primitif consistant en marchandises versées au magasin, comme objets de commerce.	70,000 »
»	30.	Pour versement à la caisse d'un recouvrement étranger au commerce.	1,500 »
»	30.	Pour valeur de denrées provenant des propriétés particulières du négociant, et versées au magasin, comme objets de commerce.	2,000 »
		Total.	153,000 »
»	31.	Pour accroissement de capital provenant des bénéfices du commerce dans le cours de la période expirée.	6,300 »
		Total égal au débit.	159,800 »
…rier,	1er.	Pour portion du capital disponible au 31 janvier, consistant en argent en caisse, et applicable au nouvel exercice.	88,000 »
		Pour portion du capital disponible au 31 janvier, consistant en marchandises, et applicable au nouvel exercice.	70,000 »

N° II.

Compte Caisse.

Débit.

Date		Libellé	Montant
Janvier,	1er.	Reçu la portion du capital primitif consistant en argent.	80,000
»	10.	—— pour produit de vente d'une partie de marchandises.	50,000
»	20.	—— pour même cause.	40,000
»	30.	—— le produit d'un recouvrement étranger au commerce	1,50[illegible]
»	30.	—— pour remboursement fait par un correspondant, de frais de magasinage et autres à sa charge, compris dans ceux payés par la caisse et portés au crédit de marchandises.	3[illegible]
		Total.	171,8[illegible]
Février,	1er.	Pour le montant des fonds restant libres en caisse au 31 janvier.	88,8[illegible]

Crédit.

Date		Libellé	Montant
…vier,	12.	Payé pour achat d'une partie de marchandises.	35,000 »
»	21.	——— transport d'une partie *id.*	3,000 »
»	21.	——— dépenses personnelles du négociant.	500 »
»	22.	——— droits divers dus à l'État et à la charge des marchandises.	2,000 »
»	25.	——— achat d'une partie de marchandises.	40,000 »
»	30.	——— traitemens d'employés et salaires d'ouvriers, pour réception, livraison, manipulation et entretien des marchandises.	1,500 »
»	30.	Payé pour dépenses personnelles du négociant.	500 »
»	30.	——— location de magasins et emplacemens pendant le mois.	500 »
		Total.	83,000 »
	31.	Pour montant des fonds libres en caisse audit jour 31 janvier, et applicables à l'exercice suivant.	88,800 »
		Total égal à celui ci-contre.	171,800 »

Compte Marchandises.

Débit.

Janvier,	1er.	Pour valeur des marchandises, faisant partie du capital primitif, et versées au magasin, comme objets de commerce.	70,00
»	12.	Pour valeur de marchandises achetées.	35,00
»	21.	——— de transport de marchandises payées par la caisse	3,00
»	22.	——— de droits divers dus à l'État, à la charge de marchandises, et avancés par la caisse.	2,00
»	25.	Pour valeur de marchandises achetées.	40,00
»	30.	— le montant des traitemens d'employés et salaires d'ouvriers, pour réception, livraison, manipulation et entretien des marchandises.	1,50
»	30.	Pour le montant des locations de magasins et emplacemens payés par la caisse dans le cours du mois.	50
»	30.	Pour valeur de marchandises entrées en magasin et provenant de sources étrangères au commerce	2,00
		Total.	154,00
»	31.	A ajouter pour le montant des bénéfices résultant des opérations commerciales pendant le mois	6,30
		Total du débit.	160,30
Février,	1er.	Pour la valeur des marchandises non vendues au 31 janvier, et applicables au mois suivant	70,00

Crédit.

Janvier,	10.	Versé à la caisse le produit de vente d'une partie de marchandises.	50,000 »
»	20.	Versé à la caisse le produit de vente d'une partie de marchandises.	40,000 »
»	30.	Versé à la caisse le produit du remboursement de frais de magasinage et autres à la charge d'un correspondant, compris dans ceux payés par la caisse, et précédemment portés au débit de marchandises.	300 »
		Total.	90,300 »
»	31.	Pour valeur des marchandises non vendues au 31 janvier, et reportées au débit de capital, pour être ensuite appliquées au mois suivant.	70,000 »
		Total égal à celui ci contre.	160,300 »

N° IV.

		2 Janvier.		
1.	2.	Caisse doit		
	1.	à Capital,	pour le montant du capital primitif consistant en argent, et versé dans la caisse pour être appliqué au commerce. . . .	40,000 »
		2 d^to.		
2.	45.	Marchandises doivent		
	1.	à Capital,	pour le montant du capital primitif consistant en marchandises, appliquées au commerce, suivant détail porté au livre de magasin, du f° 1 au f° 2.	35,000 »
		10 d^to.		
3.	2.	Caisse doit		
	45.	à Marchandises,	pour produit de la vente au comptant d'une partie de marchandises, suivant facture, n° 1.	25,000 »
		12 d^to.		
4.	45.	Marchandises doivent		
	2.	à Caisse,	pour le prix d'achat au comptant d'une partie de marchandises (suivent les détails qu'on voudra consigner au journal, et si on n'y donne pas les détails, il faut au moins rappeler la pièce où on les trouvera. Cette observation est faite une fois pour toutes), ci.	38,000 »
		25 d^to.		
5.	45.	Marchandises doivent		
	33.	à Rolland,	pour le montant de l'achat d'une partie de marchandises en compte courant (c'est-à-dire à crédit), suivant, etc.	12,000 »
		4 Février.		
6.	1.	Capital doit		
	2.	à Caisse,	pour [illegible] payé pour dépenses personnelles du chef de la maison	2,700 »
		25 d^to.		
7.	34.	Rousseau doit		
	45.	à Marchandises,	pour vente à lui faite en compte courant d'une partie de marchandises, suivant, etc	35,000 »
		3 Mars.		
8.	45.	Marchandises doivent		
	2.	à Caisse,	pour frais de transport à la charge de la partie de marchandises faisant l'objet de l'article 5 du journal	3,000 »

		15 *Mars.*		
9.	20.	Effets à recevoir doivent		
	45.	à Marchandises,	pour une partie de marchandises vendues à Frédéric, payée en deux billets à ordre de ce dernier, de 2,500 fr. chacun, au 15 juin prochain, suivant, etc. . . .	5,000 »
		25 *d^to^.*		
10.	45.	Marchandises doivent		
	25.	à Effets à payer,	pour le montant d'une partie de marchandises, achetée à Philippe, et payée en un billet à l'ordre de ce dernier, au 25 juin.	4,000 »
		12 *Mai.*		
11.	45.	Marchandises doivent		
	20.	à Effets à recevoir,	pour le montant d'un effet de portefeuille, au 15 juin, donné en paiement d'une partie de marchandises, achetée de Gautier, suivant, etc.	2,500 »
		15 *Juin.*		
12.	2.	Caisse doit		
	20.	à Effets à recevoir,	pour encaissement d'un billet à ordre de Frédéric, échéant cejourd'hui	2,500 »
		25 *d^to^.*		
13.	25.	Effets à payer doivent		
	2.	à Caisse,	pour acquit d'un billet de la maison, o/. Philippe, payable cejourd'hui. . .	4,000 »
		30 *d^to^.*		
14.	45.	Marchandises doivent		
	2.	à Caisse,	pour le montant d'un bordereau de traitemens d'employés, et de salaires des ouvriers employés pendant le mois, pour la réception, la livraison, la manipulation et l'entretien des marchandises, suivant, etc	700 »
		2 *Juillet.*		
15.	2.	Caisse doit		
	34.	à Rousseau,	pour autant payé par Rousseau, à valoir sur ce qu'il doit.	6,000 »
		5 *d^to^.*		
16.	20.	Effets à recevoir doivent		
	34.	à Rousseau,	pour autant remis par Rousseau, à valoir sur ce qu'il doit, en un effet de portefeuille, au 10 août, ci. . . . . 2,000 et en un autre, au 1er septembre, de pareille somme, ci. 2,000	4,000 »

		5 *Juillet.*		
17.	33.	Rolland doit		
	34.	à Rousseau,	pour autant délégué à Rolland, à valoir sur ce qui lui est dû en compte courant, sur Rousseau, et à prendre sur ce que celui-ci doit en compte courant.	5,000 »
		12 *d^{to}.*		
18.	45.	Marchandises doivent		
	2.	à Caisse,	pour droits dus à l'État et payés comptant, sur une partie de marchandises, suivant, etc	1,200 »
		25 *d^{to}.*		
19.	33.	Rolland doit		
	20.	à Effets à recevoir,	pour autant à lui remis, en un effet de portefeuille, au 1er septembre, à valoir sur ce qui lui est dû en compte courant, ci . . . . 2,000 et en autre de pareille somme, du 10 août, ci 2,000	4,000 »
		5 *Août.*		
20.	45.	Marchandises doivent		
	2.	à Caisse,	pour prix de location de magasins et emplacemens, pour le bureau et les marchandises, suivant, etc.	1,200 »
		12 *d^{to}.*		
21.	2.	Caisse doit		
	45.	à Marchandises,	pour remboursement par Rousseau, de frais de magasinage et autres à la charge des marchandises à lui vendues, lesquels frais ont été compris parmi ceux payés par la caisse au débit de marchandises, suivant, etc.	300 »
		4 *Septembre.*		
22.	45.	Marchandises doivent		
	1.	à Capital,	pour valeur de denrées diverses provenant des propriétés particulières du chef de la maison, et versées au magasin comme objets de commerce, suivant, etc. . . .	1,500 »
		5 *Novembre.*		
23.	20.	Effets à recevoir doivent		
	34.	à Rousseau,	pour le montant d'une traite à l'ordre de la maison, fourni au 5 février prochain, sur Rousseau, à valoir sur ce qu'il doit en compte courant, et conservée en portefeuille pour en faire usage au besoin. . .	3,000 »

		12 Novembre.		
24.	33.	Rolland doit		
	25.	à Effets à payer,	pour le montant d'une traite fournie par Rolland, sur la maison, à l'ordre de Leblanc, au 12 février, à valoir sur ce qui lui est dû en compte courant, ci. . . .	3,500 »
		10 Décembre.		
25.	45.	Marchandises doivent		
	33.	à Rolland,	pour achat de marchandises p^r compte de la maison. . . . . 5,000 / Pour frais et av^{ces} au compte de *id.* 1,800	6,800 »
		31 *d^{to}.*		
26.	1.	Capital doit		
	45.	à Marchandises, *Nota.* Ici commencent les écritures d'ordre occasionnées par la clôture des comptes de l'exercice expiré.	pour valeur présumée des marchandises non vendues à la fin de l'année, d'après l'inventaire et les évaluations approximatives basées sur les prix d'achat, le cours et l'état des marchandises; lesdites marchandises applicables au nouvel exercice, suivant, etc	52,000 »
		31 *d^{to}.*		
27.	1.	Capital doit		
	2.	à Caisse,	pour le montant des fonds restant en caisse au 31 décembre	23,000 »
		31 *d^{to}.*		
28.	1.	Capital doit		
	34.	à Rousseau,	pour le solde dû par Rousseau au 31 décembre.	17,000 »
		31 *d^{to}.*		
29.	1.	Capital doit		
	20.	à Effets à recevoir,	pour le montant des effets à recevoir restant en porte-feuille au 31 décembre. . .	3,000 »
		31 *d^{to}.*		
30.	25.	Effets à payer doivent		
	1.	à Capital,	pour le montant des effets à payer restant à acquitter postérieurement au 31 décembre.	3,500 »
		31 *d^{to}.*		
31.	33.	Rolland doit		
	1.	à Capital,	pour le solde dû à Rolland au 31 décembre.	6,300 »
		31 *d^{to}.*		
32.	45.	Marchandises doivent		
	1.	à Capital,	pour l'accroissement du capital réalisé en marchandises, résultant des bénéfices produits par les opérations commerciales de la période expirée au 31 décembre. . . .	11,400 »

FIN DU JOURNAL DE L'ANNÉE.

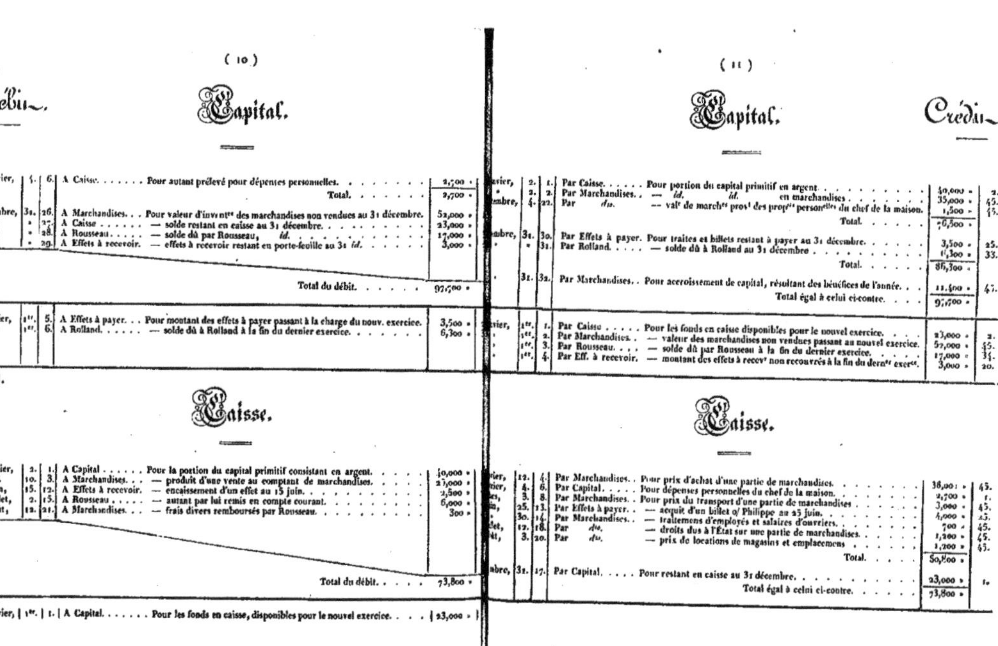

Débit.

Capital.

vrier,	5.	6.	A Caisse.	Pour autant prélevé pour dépenses personnelles.	2,700 »
				Total.	2,700 »
embre,	31.	26.	A Marchandises. . .	Pour valeur d'invent[re] des marchandises non vendues au 31 décembre.	52,000 »
»	»	27.	A Caisse	— solde restant en caisse au 31 décembre.	23,000 »
»	»	28.	A Rousseau.	— solde dû par Rousseau, *id.*	17,000 »
»	»	29.	A Effets à recevoir.	— effets à recevoir restant en porte-feuille au 31 *id.*	3,000 »
				Total du débit.	97,700 »
vier,	1er.	5.	A Effets à payer. . .	Pour montant des effets à payer passant à la charge du nouv. exercice.	3,500 »
»	1er.	6.	A Rolland.	— solde dû à Rolland à la fin du dernier exercice.	6,300 »

Capital. Crédit.

vier,	2.	1.	Par Caisse.	Pour portion du capital primitif en argent.	40,000 »	2.
»	2.	2.	Par Marchandises. .	— *id.* *id.* en marchandises	35,000 »	45.
embre,	4.	22.	Par *d[to].*	— val[r] de march[es] pros[t] des prop[tés] person[elles] du chef de la maison.	1,500 »	45.
				Total.	76,500 »	
embre,	31.	30.	Par Effets à payer.	Pour traites et billets restant à payer au 31 décembre.	3,500 »	25.
»	»	31.	Par Rolland. . . .	— solde dû à Rolland au 31 décembre	6,300 »	33.
				Total.	86,300 »	
»	31.	32.	Par Marchandises. .	Pour accroissement de capital, résultant des bénéfices de l'année. . .	11,400 »	47.
				Total égal à celui ci-contre. . . .	97,700 »	
vier,	1er.	1.	Par Caisse	Pour les fonds en caisse disponibles pour le nouvel exercice. . . .	23,000 »	2.
»	1er.	2.	Par Marchandises. .	— valeur des marchandises non vendues passant au nouvel exercice.	52,000 »	45.
»	1er.	3.	Par Rousseau. . . .	— solde dû par Rousseau à la fin du dernier exercice.	17,000 »	34.
»	1er.	4.	Par Eff. à recevoir.	— montant des effets à recev[r] non recouvrés à la fin du dern[er] exer[ce].	3,000 »	20.

Caisse.

vier,	2.	1.	A Capital	Pour la portion du capital primitif consistant en argent.	40,000 »
id.	10.	3.	A Marchandises. . .	— produit d'une vente au comptant de marchandises.	25,000 »
in,	15.	12.	A Effets à recevoir.	— encaissement d'un effet au 15 juin.	2,500 »
illet,	2.	15.	A Rousseau	— autant par lui remis en compte courant.	6,000 »
oût,	12.	21.	A Marchandises. . .	— frais divers remboursés par Rousseau.	300 »
				Total du débit.	73,800 »
vier,	1er.	1.	A Capital.	Pour les fonds en caisse, disponibles pour le nouvel exercice. . . .	23,000 »

Caisse.

ier,	12.	4.	Par Marchandises. .	Pour prix d'achat d'une partie de marchandises.	38,000 »	45.
ier,	4.	6.	Par Capital.	Pour dépenses personnelles du chef de la maison.	2,700 »	1.
s,	3.	8.	Par Marchandises. .	Pour prix du transport d'une partie de marchandises	3,000 »	45.
in,	25.	13.	Par Effets à payer. .	— acquit d'un billet o/ Philippe au 25 juin.	4,000 »	25.
»	30.	14.	Par Marchandises. .	— traitemens d'employés et salaires d'ouvriers.	700 »	45.
llet,	12.	18.	Par *d[to].*	— droits dus à l'État sur une partie de marchandises.	1,200 »	45.
ût,	3.	20.	Par *d[to].*	— prix de locations de magasins et emplacemens	1,200 »	45.
				Total.	50,800 »	
mbre,	31.	17.	Par Capital.	Pour restant en caisse au 31 décembre.	23,000 »	1.
				Total égal à celui ci-contre.	73,800 »	

Débit. — Effets à Recevoir. — Cré[dit]

Mois	Jour	Fo	Article	Libellé	Montant
Mars,	15.	9.	A Marchandises. . .	Pour mont^t^. des 2 eff^s^. de 2,500 f. l'un, au 15 juin, en paiem^t^. de m^ses^.	5,000 »
Juillet,	5.	16.	A Rousseau.	— rem^se^. en c^te^. c^t^. de 2 eff^s^. de 2,000 f, 1 au 10 août, et 1 au 1er 7bre.	4,000 »
Novembre,	5.	23.	A *id.*	— une traite f^e^. sur Rousseau, au 5 févr^er^, et conservée en p^te^-feuille.	3,000 »
				Total du débit. . . .	12,000 »

Mois	Jour	Fo	Article	Libellé	Montant
Janvier,	1er.	5.	A Capital	Pour effets à recevoir non recouvrés à la fin du dernier exercice.	3,000 »

Mois	Jour	Fo	Article	Libellé	Montant
Mai,	12.	11.	Par Marchandises. .	Pour un effet de 2,500 fr., au 15 juin, donné en paiem^t^ de march^ses^.	2,50[illegible]
Juin,	15.	12.	Par Caisse	— encaissement d'un effet au 15 juin.	2,50[illegible]
Juillet,	25.	19.	Par Roland.	— remise à lui faite en compte courant, de 2 effets, ensemble . .	4,00[illegible]
				Total.	9,00[illegible]
Décembre,	31.	28.	Par Capital.	Pour effets restant en porte-feuille au 31 décembre	3,00[illegible]
				Total égal à celui ci-contre. . . .	[illegible]

N° VIII. Effets à Payer.

Mois	Jour	Fo	Article	Libellé	Montant
Juin,	25.	13.	A Caisse.	Pour acquit d'un billet de la maison.	4,000 »
				Total.	4,000 »
Décembre,	31.	30.	A Capital	Pour traites et billets restant à payer au 31 décembre.	3,500 »
				Total égal à celui ci-contre. . .	7,500 »

Mois	Jour	Fo	Article	Libellé	Montant
Mars,	25.	10.	A Marchandises. . .	Pour un billet au 25 juin, remis à Philippe, en paiem^t^ de marchand^ses^.	4,0[illegible]
Novembre,	12.	24.	A Roland.	— une traite fournie par Rolland, en compte courant, au 12 févr^er^.	3,5[illegible]
				Total du crédit . .	7,5[illegible]

Mois	Jour	Fo	Article	Libellé	Montant
Janvier,	1er.	5.	Par Capital.	Pour montant des effets à payer passant à la charge du nouvel exerc^e^.	3,5[illegible]

N° IX. Rolland, de Bordeaux, S/C. courant.

Mois	Jour	Fo	Article	Libellé	Montant
Juillet,	5.	17.	A Rousseau.	Pour autant délégué à Rolland, à prendre sur Rousseau.	5,000 »
»	25.	19.	A Effets à recevoir.	— remise à lui faite en compte courant, de 2 effets, ensemble. .	4,000 »
Novembre,	12.	24.	A Effets à payer. . .	— une traite par lui fournie en compte courant, au 12 février. .	3,500 »
				Total.	12,500 »
Décembre,	31.	31.	A Capital.	Pour solde dû à Rolland au 31 décembre.	6,300 »
				Total égal à celui ci-contre. . .	18,800 »

Mois	Jour	Fo	Article	Libellé	Montant
Janvier,	25.	5.	Par Marchandises. .	Pour achat en compte courant d'une partie de marchandises . . .	12,00[illegible]
Décembre,	10.	25.	— *id.*	— *id.* de marchandises et frais divers au compte de la maison.	6,80[illegible]
				Total du crédit. . . .	18,80[illegible]

Mois	Jour	Fo	Article	Libellé	Montant
Janvier,	1er.	6.	Par Capital.	Pour solde à lui dû à la fin du dernier exercice.	6,30[illegible]

ébit. Rousseau de Marseille, S/C. courant. Crédit.

er,	25.	7.	A Marchandises. . .	Pour vente à lui faite en compte courant, facture n° 2.	35,000 »
				Total du débit. . . .	35,000 »
er,	1er.	3.	A Capital.	Pour solde par lui dû à la fin du dernier exercice.	17,000

Juillet,	2.	15.	Par Caisse.	Pour autant par lui payé en argent.	6,000 »	2.
»	5.	16.	Par Effets à recevoir.	— *id.* *id.* en 2 effets de porte-feuille.	4,000 »	20.
»	5.	17.	Par Roland.	— *id.* sur lui délégué à Rousseau.	5,000 »	35.
ovembre,	5.	23.	Par Effets à recevoir.	— mont^t d'une traite sur lui au 5 fév^er, et conservée en porte-feuille.	3,000 »	20.
				Total.	18,000 »	
Décembre.	31.	28.	Par Capital.	Pour solde dû par Rousseau, au 31 décembre.	17,000 »	35.
				Total égal à celui ci-contre. . .	35,000 »	

Marchandises

ier,	2.	2.	A Capital.	Pour la portion du capital primitif, consistant en marchandises. . .	35,000 »
	12.	4.	A Caisse.	— achat au comptant d'une portion de marchandises.	38,000 »
	25.	5.	A Roland.	— *id.* en compte courant d'une partie de marchandises. . . .	12,000 »
s,	3.	8.	A Caisse.	— frais de transport d'une partie de marchandises.	3,000 »
	25.	10.	A Effets à payer . .	— un billet au 25 juin, en paiement d'un achat de marchandises.	4,000 »
,	12.	11.	A *id.* à recevoir.	— remise d'un effet du porte-feuille, en paiement de marchandises.	2,500 »
,	30.	15.	A Caisse.	— traitemens d'employés et salaires d'ouvriers.	700 »
et,	12.	18.	A *id.*	— montant de droits payés à l'État.	1,200 »
t,	3.	20.	A *id.*	— *id.* de locations de magasins et emplacemens.	1,200 »
bre,	4.	22.	A Capital	— valeur de march^es prov^t des propriétés du chef de la maison.	1,500 »
bre,	10.	25.	A Roland	— prix d'achat de marchandises et frais divers au c^te de la maison.	6,800 »
				Total.	105,000 »
	31.	32.	à Capital	Pour accroissement de capital résultant du bénéfice de l'exercice . .	11,500 »
				Total égal à celui ci-contre. . . .	117,300 »
ier,	1er.	2.	A Capital	Pour valeur de marchandises non vendues, passant au nouvel exerc^e.	52,000 »

Marchandises

Janvier,	10.	3.	Par Caisse.	Pour produit d'une vente au comptant, facture n° 1.	25,000 »	2.
id.	25.	7.	Par Rousseau. . . .	— vente à lui faite en compte courant, facture n° 2.	35,000 »	35.
Mars,	15.	9.	Par Effets à recevoir.	— paiement de marchandises, en 2 effets de porte-feuille, ensemble.	5,000 »	20.
Août,	12.	21.	Par Caisse.	— remboursement de frais divers à la charge de Rousseau. . . .	300 »	
				Total.	65,300 »	
Décembre,	31.	26.	Par Capital.	Pour valeur d'invent^re de marchandises non vendues au 31 décembre.	52,000 »	
				Total du crédit.	117,300	

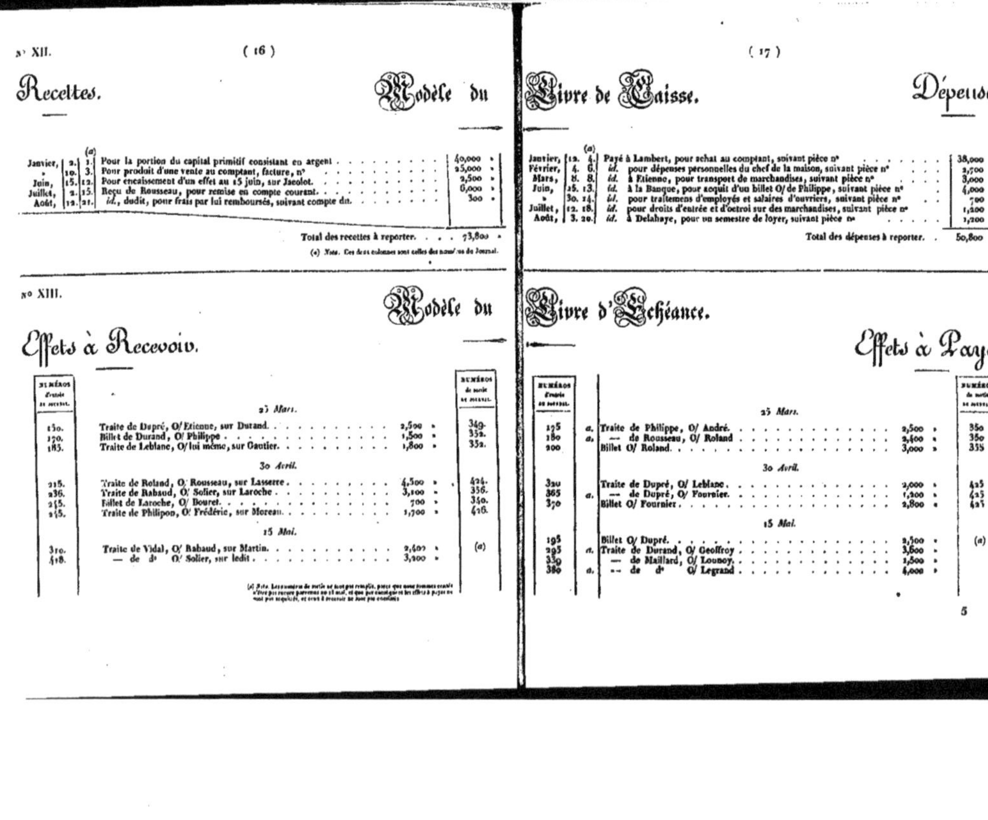

Modèle du Livre de Caisse.

Recettes.

		(a)		
Janvier,	2.	1.	Pour la portion du capital primitif consistant en argent	40,000 »
»	10.	3.	Pour produit d'une vente au comptant, facture, n°	25,000 »
Juin,	15.	12.	Pour encaissement d'un effet au 15 juin, sur Jacolot.	2,500 »
Juillet,	2.	15.	Reçu de Rousseau, pour remise en compte courant.	6,000 »
Août,	12.	21.	*id.*, dudit, pour frais par lui remboursés, suivant compte du.	300 »

Total des recettes à reporter. . . . 73,800 »

(a) Nota. Ces deux colonnes sont celles des numéros du Journal.

Dépense

		(a)		
Janvier,	12.	4.	Payé à Lambert, pour achat au comptant, suivant pièce n°	38,000
Février,	4.	6.	*id.* pour dépenses personnelles du chef de la maison, suivant pièce n° . . .	2,700
Mars,	8.	8.	*id.* à Etienne, pour transport de marchandises, suivant pièce n°	3,000
Juin,	25.	13.	*id.* à la Banque, pour acquit d'un billet O/ de Philippe, suivant pièce n° .	4,000
»	30.	14.	*id.* pour traitemens d'employés et salaires d'ouvriers, suivant pièce n° . .	700
Juillet,	12.	18.	*id.* pour droits d'entrée et d'octroi sur des marchandises, suivant pièce n°	1,200
Août,	3.	20.	*id.* à Delahaye, pour un semestre de loyer, suivant pièce n°	1,200

Total des dépenses à reporter. . 50,800

n° XIII.

Modèle du Livre d'Échéance.

Effets à Recevoir.

NUMÉROS d'entrée au journal.			NUMÉROS de sortie du journal.
	25 Mars.		
150.	Traite de Dupré, O/ Etienne, sur Durand.	2,500 »	349.
170.	Billet de Durand, O/ Philippe	1,500 »	352.
185.	Traite de Leblanc, O/ lui même, sur Gautier.	1,800 »	352.
	30 Avril.		
215.	Traite de Roland, O/ Rousseau, sur Lasserre	4,500 »	424.
236.	Traite de Rabaud, O/ Solier, sur Laroche	3,100 »	356.
245.	Billet de Laroche, O/ Bouret.	700 »	340.
245.	Traite de Philipon, O/ Frédéric, sur Moreau.	1,700 »	426.
	15 Mai.		
310.	Traite de Vidal, O/ Rabaud, sur Martin.	2,400 »	(a)
418.	— de d° O/ Solier, sur ledit	3,200 »	

(a) Nota. Les numéros de sortie ne sont pas remplis, parce que nous sommes censés n'être pas encore parvenus au 15 mai, et que par conséquent les effets à payer ne sont pas acquittés, et ceux à recevoir ne sont pas [illegible]

Effets à Paye

NUMÉROS d'entrée au journal.				NUMÉROS de sortie du journal.
		25 Mars.		
175	a.	Traite de Philippe, O/ André.	2,500 »	350
180	a.	— de Rousseau, O/ Roland	2,400 »	350
200		Billet O/ Roland.	3,000 »	355
		30 Avril.		
320		Traite de Dupré, O/ Leblanc	2,000 »	425
365	a.	— de Dupré, O/ Fournier.	1,200 »	425
370		Billet O/ Fournier	2,800 »	425
		15 Mai.		
195		Billet O/ Dupré.	2,500 »	(a)
295	a.	Traite de Durand, O/ Geoffroy	3,600 »	
339		— de Maillard, O/ Lounoy.	1,500 »	
380	a.	— de d° O/ Legrand	4,000 »	

N° XIV.

OBSERVATION.

Indiquer en tête de chaque chapitre l'objet auquel il est consacré.

MODÈLE DU REGISTRE STATISTIQUE,

Avec application à une Forge.

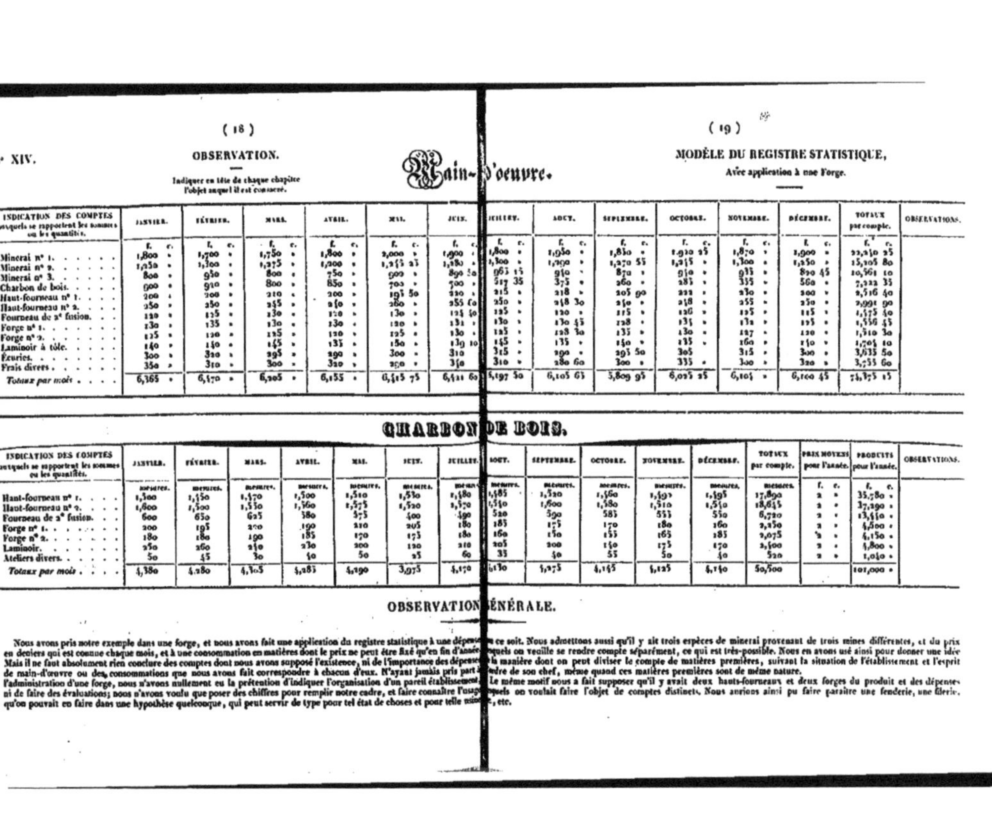

Main-d'œuvre.

INDICATION DES COMPTES auxquels se rapportent les sommes ou les quantités.	JANVIER.	FÉVRIER.	MARS.	AVRIL.	MAI.	JUIN.	JUILLET.	AOUT.	SEPTEMBRE.	OCTOBRE.	NOVEMBRE.	DÉCEMBRE.	TOTAUX par compte.	OBSERVATIONS.
	f. c.	f. c.	f. c.	f. c.	f. c.	f. c.	f. c.	f. c.	f. c.	f. c.	f. c.	f. c.	f. c.	
Minerai n° 1.	1,800 »	1,700 »	1,750 »	1,800 »	2,000 »	1,900 »	1,800 »	1,950 »	1,850 »	1,920 25	1,870 »	1,900 »	22,240 25	
Minerai n° 2.	1,250 »	1,300 »	1,275 »	1,200 »	1,245 25	1,280 »	1,300 »	1,290 »	1,270 55	1,245 »	1,300 »	1,250 »	15,105 80	
Minerai n° 3.	800 »	950 »	800 »	750 »	900 »	890 50	963 15	940 »	870 »	940 »	935 »	820 45	10,561 10	
Charbon de bois.	900 »	920 »	800 »	850 »	700 »	700 »	517 35	375 »	260 »	285 »	335 »	560 »	7,222 35	
Haut-fourneau n° 1.	200 »	200 »	210 »	200 »	195 50	220 »	215 »	218 »	205 90	222 »	230 »	200 »	2,516 40	
Haut-fourneau n° 2.	250 »	250 »	245 »	240 »	260 »	255 60	250 »	248 30	240 »	248 »	255 »	250 »	2,991 90	
Fourneau de 2ᵉ fusion.	120 »	125 »	130 »	120 »	130 »	124 40	125 »	120 »	115 »	126 »	125 »	115 »	1,475 40	
Forge n° 1.	130 »	135 »	130 »	130 »	120 »	131 »	130 »	130 45	128 »	135 »	132 »	125 »	1,556 45	
Forge n° 2.	125 »	120 »	125 »	120 »	125 »	130 »	125 »	128 30	135 »	130 »	127 »	120 »	1,510 30	
Laminoir à tôle.	140 »	140 »	145 »	135 »	150 »	139 10	145 »	135 »	140 »	135 »	160 »	140 »	1,704 10	
Écuries.	300 »	320 »	295 »	290 »	300 »	310	315 »	290 »	293 50	305	315 »	300 »	3,635 50	
Frais divers.	350 »	310 »	300 »	320 »	250 »	340	310 »	280 60	300 »	335 »	300 »	320 »	3,755 60	
Totaux par mois	6,365 »	6,470 »	6,205 »	6,155 »	6,415 75	6,421 60	[illegible],197 50	6,105 65	5,809 95	6,025 25	6,104 »	6,160 45	74,375 15	

CHARBON DE BOIS.

INDICATION DES COMPTES auxquels se rapportent les sommes ou les quantités.	JANVIER.	FÉVRIER.	MARS.	AVRIL.	MAI.	JUIN.	JUILLET.	AOUT.	SEPTEMBRE.	OCTOBRE.	NOVEMBRE.	DÉCEMBRE.	TOTAUX par compte.	PRIX MOYENS pour l'année.	PRODUITS pour l'année.	OBSERVATIONS.
	mesures.	mesures.	mesures.	mesures.	mesures.	mesures.	mesures.	mesures.	mesures.	mesures.	mesures.	mesures.	mesures.	f. c.	f. c.	
Haut-fourneau n° 1.	1,300	1,450	1,470	1,500	1,510	1,530	1,480	1,485	1,520	1,560	1,492	1,495	17,890	2 »	35,780 »	
Haut-fourneau n° 2.	1,600	1,500	1,530	1,560	1,575	1,520	1,570	1,540	1,600	1,580	1,510	1,550	18,645	2 »	37,290 »	
Fourneau de 2ᵉ fusion.	600	650	625	380	575	400	490	520	590	585	555	550	6,720	2 »	13,440 »	
Forge n° 1.	200	195	220	190	210	205	180	185	175	170	180	160	2,250	2 »	4,500 »	
Forge n° 2.	180	180	190	185	170	175	180	160	150	155	165	185	2,075	2 »	4,150 »	
Laminoir.	250	260	240	230	200	120	210	205	200	140	175	170	2,400	2 »	4,800 »	
Ateliers divers.	50	45	30	40	50	25	60	35	40	55	50	40	520	2 »	1,040 »	
Totaux par mois	4,380	4,280	4,305	4,285	4,290	3,975	4,170	[illegible]130	4,275	4,145	4,125	4,140	50,500		101,000 »	

OBSERVATION GÉNÉRALE.

Nous avons pris notre exemple dans une forge, et nous avons fait une application du registre statistique à une dépense [illegible] ce soit. Nous admettons aussi qu'il y ait trois espèces de minerai provenant de trois mines différentes, et du prix en deniers qui est connue chaque mois, et à une consommation en matières dont le prix ne peut être fixé qu'en fin d'année [illegible]quels on veuille se rendre compte séparément, ce qui est très-possible. Nous en avons usé ainsi pour donner une idée Mais il ne faut absolument rien conclure des comptes dont nous avons supposé l'existence, ni de l'importance des dépenses [illegible] la manière dont on peut diviser le compte de matières premières, suivant la situation de l'établissement et l'esprit de main-d'œuvre ou des consommations que nous avons fait correspondre à chacun d'eux. N'ayant jamais pris part [illegible]rdre de son chef, même quand ces matières premières sont de même nature. l'administration d'une forge, nous n'avons nullement eu la prétention d'indiquer l'organisation d'un pareil établissement, [illegible] Le même motif nous a fait supposer qu'il y avait deux hauts-fourneaux et deux forges du produit et des dépenses ni de faire des évaluations; nous n'avons voulu que poser des chiffres pour remplir notre cadre, et faire connaître l'usage [illegible]quels on voulait faire l'objet de comptes distincts. Nous aurions ainsi pu faire paraître une fenderie, une tôlerie, qu'on pouvait en faire dans une hypothèse quelconque, qui peut servir de type pour tel état de choses et pour telle n[illegible], etc.

Tableau comparatif

Des Produits de Fabrication et des Dépenses réelles ou présume

du Mois d (Voir l'observation générale en marge du Tableau précédent.)

Dépenses.

		QUANTITÉS.	PRIX moyens.	SOMMES.
		mesures.	f. (e)	f.
(a) Matières prem^res.	Minerai n° 1.	1,600	1 70	2,720 »
	Minerai n° 2.	1,400	1 40	1,960 »
	Minerai n° 3.	800	1 50	1,200 »
	Matières propres à faciliter la fusion.	1,000	» 50	500 »
(b) Moyens divers d'exploitation.	Main-d'œuvre et dépenses accessoires des hauts-fourneaux, forges, fenderie, filerie et laminoir.	»	»	3,500 »
	Renouvellement et entretien des fours, fourneaux et ustensiles.	»	»	800 »
	Charbon de bois.	4,500 »	2 »	9,000 »
	Charbon de terre.	1,200 sm	3 50	4,200 »
	Transports intérieurs et extérieurs à la charge de l'usine, des produits des hauts-fournaux, forges, fenderie, etc.		»	1,200 »
(c) Dépenses générales.	Entretien et réparation de l'immeuble.	»	»	600 »
	Frais de régie, contributions, assurances, etc.	»	»	2,000 »
	Frais de maison.	»	»	400 »
	Frais divers.	»	»	300 »
	Intérêts des capitaux.	»	»	4,000 »
	Total des charges du mois.	»	»	»
(d) Produits des fabrications.	Fontes de 1re fusion.	500 k	12 »	6,000 »
	Fontes de 2e fusion	150	18 »	2,700 »
	Fer en barre.	800	20 »	16,000 »
	Fer ouvré.	320	25 »	8,000 »
	Tôles.	180	30 »	5,400 »
				38,100 »
	(e) A déduire pour remises, escomptes, etc.	»	»	»
	Reste à porter pour produit net présumé	»	»	»
	Bénéfice présumé. . . .	»	»	»

OBSERVATIONS.

(a) On porte dans l'accolade autant de lignes qu'il y a d'élémens principaux de fabrication ayant leur compte au grand-livre, et on réunit dans une seule ligne les matières et approvisionnemens divers qui ne feraient l'objet que d'un seul compte, ou même qui feraient l'objet de plusieurs comptes, si on croit devoir en user ainsi pour simplifier.

(b) On peut à son gré consacrer une ligne à chacun des moyens d'exploitation ayant un compte au grand-livre ou un chapitre au registre statistique, ou bien en réunir plusieurs en une seule ligne, s'ils sont trop nombreux. Les frais d'emballage et de transport, s'il y en a, font partie des moyens d'exploitation.

(c) On peut diviser les dépenses générales en autant d'articles qu'on le jugera convenable; mais aussi rien ne s'oppose à ce qu'on réunisse en une seule ligne plusieurs des subdivisions faites au grand-livre.

(d) On porte dans l'accolade autant de désignations qu'il y a de produits vénaux distincts. Peut-être conviendrait-il, dans l'espèce d'usine prise pour exemple, de ne porter en regard des fontes de deuxième fusion, fers et tôles, que le supplément de valeur acquis par l'effet des transformations, et de porter en ligne la valeur de la totalité des fontes de première fusion obtenues dans le cours du mois.

(e) Il y a beaucoup de manufactures qui adoptent pour bases des prix de vente, des tarifs ou des prix convenus dans le commerce, sur lesquels on fait des déductions plus ou moins fortes, sous le titre de remises, escomptes, etc., etc. Nous devons prévoir ce cas pour que notre cadre soit applicable à toutes les industries, et parce que nous ne pouvons présenter en regard des charges ou dépenses effectives, que des produits *nets* présumés, puisque nous voulons faire ressortir le bénéfice ou la perte présumée.

(f) Il est évident qu'on ne fait usage de la colonne des prix moyens que pour les objets qui se consomment en nombre, au poids ou à la mesure.

n° XVI.

MOIS DE MAI.

Situation en Deniers.

MANUFACTURE DE

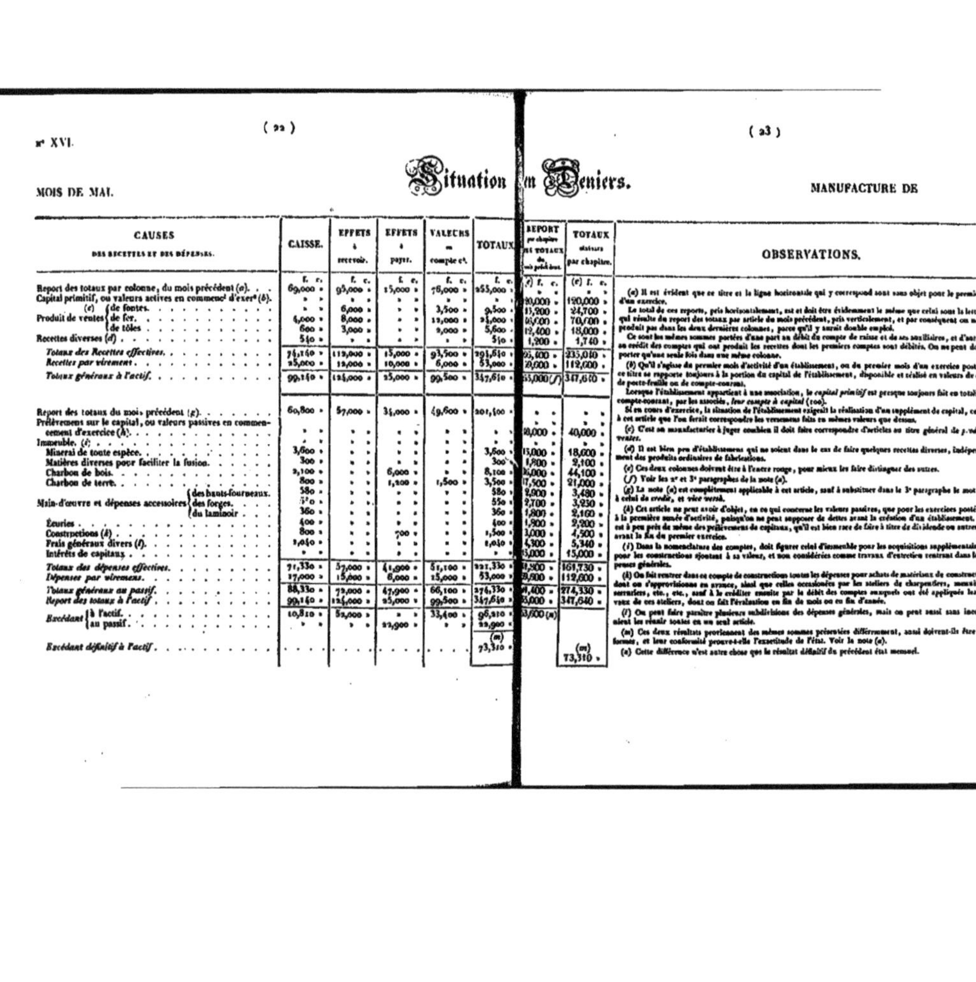

CAUSES DES RECETTES ET DES DÉPENSES.	CAISSE.	EFFETS à recevoir.	EFFETS à payer.	VALEURS en compte c[t].	TOTAUX.	REPORT par chapitre DES TOTAUX du mois précédent.	TOTAUX réunis par chapitre.
	f. c.	f. c.	f. c.	f. c.	f. c.	(e) f. c.	(e) f. c.
Report des totaux par colonne, du mois précédent (a)	69,000 »	95,000 »	15,000 »	76,000 »	255,000 »	» »	» »
Capital primitif, ou valeurs actives en commenc[t] d'exer[e] (b)	» »	» »	» »	» »	» »	20,000 »	120,000 »
Produit de ventes (c) de fontes	» »	6,000 »	» »	3,500 »	9,500 »	15,200 »	24,700 »
Produit de ventes (c) de fer	4,000 »	8,000 »	» »	12,000 »	24,000 »	46,000 »	70,000 »
Produit de ventes (c) de tôles	600 »	3,000 »	» »	2,000 »	5,600 »	12,400 »	18,000 »
Recettes diverses (d)	540 »	» »	» »	» »	540 »	1,200 »	1,740 »
Totaux des Recettes effectives.	74,140 »	112,000 »	15,000 »	93,500 »	294,640 »	95,400 »	235,040 »
Recettes par virement.	25,000 »	12,000 »	10,000 »	6,000 »	53,000 »	59,000 »	112,000 »
Totaux généraux à l'actif.	99,140 »	124,000 »	25,000 »	99,500 »	347,640 »	55,000 (f)	347,640 »
Report des totaux du mois précédent (g)	60,800 »	57,000 »	34,000 »	49,600 »	201,400 »	» »	» »
Prélèvemens sur le capital, ou valeurs passives en commencement d'exercice (h)	» »	» »	» »	» »	» »	40,000 »	40,000 »
Immeuble. (i)	» »	» »	» »	» »	» »	» »	» »
Minerai de toute espèce.	3,600 »	» »	» »	» »	3,600 »	15,000 »	18,600 »
Matières diverses pour faciliter la fusion.	300 »	» »	» »	» »	300 »	1,800 »	2,100 »
Charbon de bois.	2,100 »	» »	6,000 »	» »	8,100 »	36,000 »	44,100 »
Charbon de terre.	800 »	» »	1,200 »	1,500 »	3,500 »	17,500 »	21,000 »
Main-d'œuvre et dépenses accessoires des hauts-fourneaux.	580 »	» »	» »	» »	580 »	2,900 »	3,480 »
Main-d'œuvre et dépenses accessoires des forges.	550 »	» »	» »	» »	550 »	2,700 »	3,250 »
Main-d'œuvre et dépenses accessoires du laminoir	360 »	» »	» »	» »	360 »	1,800 »	2,160 »
Écuries	400 »	» »	» »	» »	400 »	1,900 »	2,200 »
Constructions (k)	800 »	» »	700 »	» »	1,500 »	3,000 »	4,500 »
Frais généraux divers (l).	1,040 »	» »	» »	» »	1,040 »	4,300 »	5,340 »
Intérêts de capitaux	» »	» »	» »	» »	» »	15,000 »	15,000 »
Totaux des dépenses effectives.	71,330 »	57,000 »	41,900 »	51,100 »	221,330 »	[illegible],800 »	161,730 »
Dépenses par virements.	17,000 »	15,000 »	6,000 »	15,000 »	53,000 »	[illegible],600 »	112,600 »
Totaux généraux au passif.	88,330 »	72,000 »	47,900 »	66,100 »	274,330 »	[illegible],400 »	274,330 »
Report des totaux à l'actif.	99,140 »	124,000 »	25,000 »	99,500 »	347,640 »	[illegible]5,000 »	347,640 »
Excédant à l'actif.	10,810 »	52,000 »	» »	33,400 »	96,210 »	[illegible]3,600 (n)	
Excédant au passif.	» »	» »	22,900 »	» »	22,900 »		
Excédant définitif à l'actif.					(m) 73,310 »		(m) 73,310 »

OBSERVATIONS.

(a) Il est évident que ce titre et la ligne horizontale qui y correspond sont sans objet pour le premier mois d'un exercice.

Le total de ces reports, pris horizontalement, est et doit être évidemment le même que celui sous la lettre (f), qui résulte du report des totaux par article du mois précédent, pris verticalement, et par conséquent on ne le reproduit pas dans les deux dernières colonnes, parce qu'il y aurait double emploi.

Ce sont les mêmes sommes portées d'une part au débit du compte de caisse et de ses auxiliaires, et d'autre part au crédit des comptes qui ont produit les recettes dont les premiers comptes sont débités. On ne peut donc les porter qu'une seule fois dans une même colonne.

(b) Qu'il s'agisse du premier mois d'activité d'un établissement, ou du premier mois d'un exercice postérieur, ce titre se rapporte toujours à la portion du capital de l'établissement, disponible et réalisé en valeurs de caisse, de porte-feuille ou de compte-courant.

Lorsque l'établissement appartient à une association, le *capital primitif* est presque toujours fait en totalité, en compte-courant, par les associés, *leur compte à capital* (100).

Si en cours d'exercice, la situation de l'établissement exigeait la réalisation d'un supplément de capital, ce serait à cet article que l'on ferait correspondre les versemens faits en mêmes valeurs que dessus.

(c) C'est au manufacturier à juger combien il doit faire correspondre d'articles au titre *général de produit de ventes.*

(d) Il est bien peu d'établissemens qui ne soient dans le cas de faire quelques recettes diverses, indépendamment des produits ordinaires de fabrications.

(e) Ces deux colonnes doivent être à l'encre rouge, pour mieux les faire distinguer des autres.

(f) Voir les 2e et 3e paragraphes de la note (a).

(g) La note (a) est complètement applicable à cet article, sauf à substituer dans le 3e paragraphe le mot *débit* à celui de *crédit*, et *vice versâ.*

(h) Cet article ne peut avoir d'objet, en ce qui concerne les valeurs passives, que pour les exercices postérieurs à la première année d'activité, puisqu'on ne peut supposer de dettes avant la création d'un établissement. Il en est à peu près de même des prélèvemens de capitaux, qu'il est bien rare de faire à titre de dividende ou autrement, avant la fin du premier exercice.

(i) Dans la nomenclature des comptes, doit figurer celui d'immeuble pour les acquisitions supplémentaires ou pour les constructions ajoutant à sa valeur, et non considérées comme travaux d'entretien rentrant dans les dépenses générales.

(k) On fait rentrer dans ce compte de constructions toutes les dépenses pour achats de matériaux de constructions, dont on s'approvisionne en avance, ainsi que celles occasionées par les ateliers de charpentiers, menuisiers, serruriers, etc., etc., sauf à le créditer ensuite par le débit des comptes auxquels ont été appliqués les travaux de ces ateliers, dont on fait l'évaluation en fin de mois ou en fin d'année.

(l) On peut faire paraître plusieurs subdivisions des dépenses générales, mais on peut aussi sans inconvénient les réunir toutes en un seul article.

(m) Ces deux résultats provienent des mêmes sommes présentées différemment, aussi doivent-ils être conformes, et leur conformité prouve-t-elle l'exactitude de l'état. Voir la note (a).

(n) Cette différence n'est autre chose que le résultat définitif du précédent état mensuel.

Tableau Comparatif des Dépenses et des Produits de l'Exercice.

ANNÉE 18

1re Section. — Produits de la Terre.

DÉSIGNATION DES COMPTES. (a)	DÉPENSES DE L'EXERCICE. Nombre de mesures de terre	Engrais et amendements	Semences	Labours et menus travaux	Travaux manuels de culture	Frais de garde, de récolte [illegible]	Frais généraux	Totaux des dépenses de l'exercice	Valeur estimative [illegible]	Total [illegible]	PRODUITS DE L'EXERCICE. Quantités produites [illegible]	Produits réalisés [illegible]	Valeur estimative des denrées [illegible]	Totaux des produits réalisés ou présumés	EXCÉDANS des produits sur les dépenses	EXCÉDANS des dépenses sur les produits
	hectares	(b) f.	(b) f.	(b) f.	f.	f.	(c) f.	f.	(d) f.	f.		(e) f.	(f) f.	f.	f.	f.
Grains divers . . .	100	2,000	2,400	2,600	400	1,200	800	9,400	1,500	10,900	1,200 hect.	12,100	1,800	13,900	3,000	»
Fourrages divers. .	75	500	800	500	200	800	500	3,300	2,500	5,800	»	3,800	2,800	6,600	800	»
Pommes-de-terre. .	15	300	75	400	350	150	130	1,405	1,000	2,405	500 [illegible]	1,505	1,300	2,705	300	»
Vins	10	120	»	»	850	300	100	1,370	1,600	2,970	20 pièces	1,870	800	2,670	»	300
Bois (g	200	»	»	»	»	350	300	650	»	650	»	5,150	»	5,150	4,500	»
Produits divers (h).	12	240	72	150	200	240	100	1,002	200	1,202	»	1,302	250	1,552	350	»
Totaux	412	3,160	3,347	3,650	2,000	3,040	1,930	17,127	6,800	23,927	»	25,627	6,950	32,577	8,950	300

2me Section. — Basse-Cour et Troupeaux.

DÉSIGNATION DES COMPTES.	DÉPENSES DE L'EXERCICE. Nombre de têtes d'animaux.	Valeur estimative des animaux et ustensiles au commencement d'exercice.	Achats nouveaux.	Frais de garde, de surveillance des troupeaux, et d'entretien des ustensiles.	Frais de nourriture.	Frais généraux.	Totaux des dépenses.	PRODUITS DE L'EXERCICE. Nombre de têtes d'animaux à la fin d'exercice.	(e) Produits réalisés	Valeur estimative des animaux et des ustensiles à la fin d'exercice.	Totaux des produits réalisés ou présumés.	EXCÉDANS des produits sur les dépenses.	EXCÉDANS des dépenses sur les produits.
		(d)		f.	f.	f.	f.		f.	(f) f.	f.	f.	f.
Écuries	18	7,500	900	2,500	6,000	500	17,400	20	9,800	7,600	17,400	»	»
Bergeries	600	8,000	»	800	6,800	270	15,870	610	8,000	8,200	16,200	330	»
Étables	20	2,000	»	350	2,400	120	4,870	20	2,550	2,000	4,550	»	320
Basse-cour.	»	700	»	350	1,500	100	2,650	»	2,780	750	3,530	880	»
Totaux	»	18,200	900	4,000	16,700	990	40,790	»	23,130	18,550	41,680	1,210	320

3me Section. — Essais de culture.

INDICATION DES ESSAIS DE CULTURE.	NOMBRE de mesures de terre consacrées aux essais.	PRODUITS NETS par évaluation des terres consacrées aux essais de culture.
Assolement n° 1.	5 hectares.	150
» n° 2.	5	150
» n° 3.	5	150
Essai de culture de maïs	1	30
Totaux. . . .	16	480

Observation Générale.

Ce cadre ne peut être considéré que comme une indication générale. Il est susceptible de recevoir dans ses détails toute sorte de modifications.

Récapitulation.

1re Section.	Excédans de produits.		8,950 f. »
	Excédans de dépenses.		300 »
	Reste en produits nets.		8,650 »
2e Section.	Excédans de produits.	1,210 »	
	Excédans de dépenses.	320 »	
	Produits nets.		890 »
3e Section. —	Produits suivant l'état.		480 »
	Total des produits nets.		10,020 »

Observations.

(a) Il est impossible de prévoir ici la manière dont il conviendra à l'agriculteur de diviser ses comptes. Cela peut se faire absolument à son gré. Nous en avons supposé un petit nombre pour ne pas trop charger le tableau.

(b) Comme un pareil tableau ne peut être rempli qu'après que les écritures de l'exercice sont closes, tous les prix moyens sont censés appliqués aux divers chapitres du registre statistique (116) qui ne présentaient que des quantités, et par conséquent toutes les sommes à la charge et à la décharge des divers comptes sont déterminées, et les colonnes du tableau comparatif peuvent être remplies.

(c) Les comptes de produits ne sont grevés des frais généraux que sous la déduction de la portion dont ont été débités les essais de culture et d'assolement auxquels il a été ouvert de simples comptes courans (148).

(d) Ces valeurs ont été déterminées lors de la clôture des comptes de l'exercice précédent.

(e) Par produit réalisé, nous entendons tout ce qui a été porté au crédit des comptes de produits à tel titre que ce soit, sauf les contre-écritures dont il doit être fait déduction au débit et au crédit, et la valeur estimative des objets restant en nature à la fin de l'exercice.

(f) C'est précisément cette valeur estimative dont il est question dans la note précédente, et du montant de laquelle les comptes compétens ont été crédités par le débit de capital (38 et 67).

(g) On porte dans la 2e colonne la totalité des arpens couverts de bois, et en observation le nombre d'arpens mis en coupe dans l'année. Ici nous supposons 200 arpens de bois et une coupe de 20 arpens.

(h) Il est presque inutile de dire que l'on rapporte aux produits divers tous ceux qui ne se trouvent pas compris dans les autres articles du tableau.

ERRATA.

Page 45 du Texte, ligne 4, 6,500; *lisez :* 76,500.

Page 3 des Tableaux, ligne 7, 153,000; *lisez :* 153,500.

Même page, ligne 12, 88,000; *lisez :* 88,800.

Page 17 des Tableaux, modèle du livre de caisse : supposez un filet entre la colonne des dates et celle des n[os] du journal.

Les quatre premières pages des Tableaux ne sont pas numérotées.

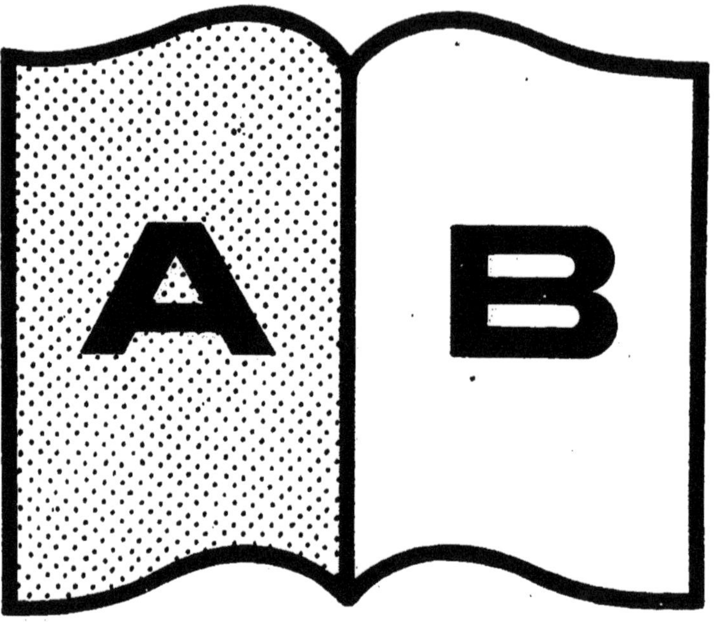
A
B

Reliure serrée

www.ingramcontent.com/pod-product-compliance
Ingram Content Group UK Ltd.
Pitfield, Milton Keynes, MK11 3LW, UK
UKHW012039240726
13965UKWH00003B/908